7

Lk 3290.

# LES
# MILICES LAFÈROISES

PRÉCÉDÉES

d'une Strophe chronologique sur la Ville de La Fère

ET SUIVIES

D'UNE NOTICE SUR LES SAPEURS-POMPIERS,

par

## Henri-Sosthène COLLET,

*ex-archiviste municipal
et fourrier des sapeurs-pompiers de la garde nationale de cette ville.*

---

NOYON.

IMPRIMERIE DE D. ANDRIEUX-DURU,
RUE DU NORD, 5.

1862

*A Monsieur le Capitaine commandant la Garde nationale de la ville de La Fère.*

MON COMMANDANT,

Permettez-moi de vous dédier ce petit précis historique, les *Milices Lafèroises,* ouvrage d'intérêt purement local.

Les archives de la ville m'ont fourni la plupart des renseignements qui sont la base de ce travail.

Je mets au jour quelques-uns des fragments les plus curieux du côté militaire de l'histoire de cette ville.

Je n'ai d'autre but que de faire plaisir à mes concitoyens, en leur racontant beaucoup de ces faits qu'ils ignorent et qui, dans une petite ville, touchent de si près aux traditions de la famille dont presque toujours quelque membre a été auteur ou témoin.

Je veux aussi aider à perpétuer dans la mémoire de tous, la conduite courageuse et héroïque des Lafèrois, au moyen-âge et presque de nos jours.

Je n'écris point, je raconte.

Je suis, mon Commandant,
votre très-humble et très-obéissant serviteur,

Henri-Sosthène COLLET,

*ex-archiviste municipal et fourrier des sapeurs-pompiers de la Garde nationale de La Fère*

# LA FÈRE.

      Qui lui donna ce nom ? FÉRA (bête sauvage).
      Son fondateur, grand saint, aussi pieux que sage,
450  Défricha les forêts où s'étaient amassés
      Des païens qu'il avait déjà catéchisés.
700  Les évêques de Laon longtemps le dominèrent;
      Et puis ses habitants de chez eux le chassèrent.
958  Pris plus tard par Thibaut, alors comte de Blois,
1132 Il chassa Louis VI, un des libéraux rois.
1150 De ce lieu les Coucy firent longtemps la gloire.
1207 La charte d'Enguerrand est chère à sa mémoire.
1250 Thomas, seigneur brigand d'un si pénible abord,
      La coupe des malheurs il lui verse à pleins bords.
1579 Par Condé pris, repris, Henri III et la Ligue
1580 S'en emparent avant la construction des digues.
1596 Il résista six mois au Béarnais le Grand.
1650 Le domaine royal en ses fiefs le comprend.
1793 Les nobles girondins le trouvaient bien sensible
      Quand martyrs ils tombaient à tous les yeux visibles.
1794 Du trop cruel Saint-Just méprisa les excès;
1810 Du grand homme admira les éclatants succès.
1814 Son faible commandant, sans pitié pour ses larmes,
      Aux alliés le rendit sans usage de ses armes.
1815 Il fut bloqué pendant près de cent trente jours,
      Mais contre l'étranger se défendit toujours.
1830 De juillet les journées, oui, de plaisir l'enivre.
1848 Vous vîtes son ardeur, vous, les soldats de juin;
      Il vous opposera ses enfants au besoin.
1859 Il fêta les héros de l'armée d'Italie,
1860 Prie, fais des vœux ardents pour ceux de la Syrie.
      Aux armées, quatre-vingts de ses fils sont présents;
      Tous partiraient demain aux premiers roulements;
      Et de l'est à l'ouest, en Europe, en Asie,
      Aux vieux rois répétant : Fraternité, patrie.
      Puis, si des potentats d'un monde qui n'est plus
      Les peuples affranchis à s'unir s'étaient plu,
      Voyant la paix enfin, les enfants de La Fère
      Enclouëraient chez eux ses bons engins de guerre,
      Ces foudroyants canons, effroi de l'étranger,
      Beaux bijoux destructeurs, dus à Tamisier.

# LES MILICES LAFÈROISES.

L'origine de cette institution, à La Fère, remonte au commencement du quatorzième siècle.

Les archers qui composaient la milice se recrutaient parmi les corporations des arts et métiers.

Plus tard eut lieu la formation du guet, sur l'organisation duquel on ne trouve point de renseignements.

En 1579, la ville fut prise et reprise par Condé; puis, l'année suivante, elle rentra sous l'obéissance de Henri III, au Siége de Velours, ainsi nommé parce que la jeunesse de la cour, sous les ordres de Matignon, y étala un faste splendide pendant les fêtes qui eurent lieu en même temps que l'attaque.

Pendant ces trois siéges, les habitants, organisés, contribuèrent puissamment à la défense.

Lorsque les guerres de religion succédèrent aux brigandages des seigneurs des siècles précédents, aux pillages du trop fameux Thomas de Marle, de si triste mémoire, les maire et jurés voyant que le guet était insuffisant et que le petit nombre d'hommes astreint aux gardes faisait peser sur ceux-ci de trop fortes charges, décidèrent, le 18 juillet 1586, sur l'avis des habitants convoqués en assemblée générale, qu'il serait institué une milice bourgeoise, laquelle, divisée en huit compagnies, serait affectée à la défense de la ville et de ses faubourgs.

Les nobles furent exemptés de ce service, par ordre du roi, malgré toutes les protestations des citoyens incorporés.

En 1595, La Fère était dans la contrée la seule place importante encore au pouvoir des ligueurs.

Henri IV, désireux de la posséder, avait déjà tenté de s'en emparer par surprise, en faisant le siége de Noyon; mais une vieille femme qui avait aperçu le feu de la mêche d'un mousquet, prévint les habitants qui repoussèrent victorieusement l'attaque.

Le moyen n'ayant pas réussi, après s'être emparé de Laon en 1594, il essaya de corrompre le commandant de la place, en lui promettant de reconnaître les titres qu'il tenait du roi d'Espagne, et celui de gouverneur, s'il voulait entrer à son service. Repoussé de nouveau, il résolut d'en faire le siége.

Le moment était propice, Lamette, Saint-Chamans, Balagny, la duchesse de Nemours, mère de Mayenne, s'étaient détachés de la ligue, et Mayenne lui-même, traitait secrètement de sa soumission au roi.

Le 8 novembre 1595, Henri IV vint, à la tête de 5,000 fantassins et 1,200 cavaliers, mettre le siége devant la ville et établir son quartier général au château de Travecy, chez le comte de Flavigny.

La place était défendue par la garde bourgeoise assistée d'Espagnols, d'Italiens et d'Allemands choisis; mais si les approvisionnements de munitions de guerre étaient considérables, en revanche, ceux de bouche l'étaient peu.

Jacques Colas, Sénéchal de Montélimar, comte de La Fère et Marle, titres qu'il tenait du roi d'Espagne, allié de la ligue, gouvernait La Fère; c'était un vieillard encore guerrier et vigoureux, mais qui, soit défaut de confiance en son grand âge, soit pour tout autre motif, avait remis le commandement des troupes sous ses ordres à don Alvaro Ossorio, se réservant seulement les bénéfices de son titre et ceux de son comté.

Les travaux de défense se composaient de fortifications rebâties complétement en 1589, avec citadelle à la porte Saint-Firmin, près du Calvaire, et de l'Inondation.

Les marais qui entouraient La Fère ne laissaient que deux routes pour y arriver. Henri IV fit construire sur chacune un fort capable de renfermer mille hommes et du canon, laissa le reste de son infanterie à Travecy, et sa cavalerie dans les villages environnants.

Pendant ce temps, le roi tomba si dangereusement malade, que Sully, inquiet, vint le voir de Paris.

Les vivres étaient sur le point de manquer, don Alvaro projeta de ravitailler la place; il envoya à cet effet à l'archiduc Albert, gouverneur des Pays-Bas, Basti, officier audacieux et intelligent qui, ayant obtenu tout ce qu'il demandait, partit de Douai avec six cents chevaux, chaque cavalier portant en croupe un sac de farine. Alvaro, prévenu, tenait à sa disposition un grand nombre de barques prêtes à recevoir les vivres attendus.

Le 13 mars 1596 au matin, Basti, après une marche forcée, se trouva en présence de la cavalerie royale et l'attaqua, pendant que, favorisés par un épais brouillard, les cavaliers porteurs des farines, passant entre le quartier du roi et celui de Bouillon, s'approchèrent des marais, jetèrent leurs charges dans les barques et s'enfuirent vers Guise.

Henri IV, piqué de la réussite de ce hardi coup de main, prit des mesures plus rigoureuses pour empêcher l'arrivée d'autres secours: les routes furent coupées, défendues par du canon et gardées activement par la cavalerie.

Il venait de recevoir des nouvelles de Rome qui lui annonçaient sa réconciliation avec le Pape, et déjà presque tous les chefs catholiques s'étaient ralliés à sa cause. Mayenne, Montmorency, Montpensier, vinrent se joindre à lui avec des troupes qui portèrent les assiégeants à 18,000 fantassins et 5000 cavaliers; mais malgré ces forces et le manque de vivres, La Fère ne parlait pas de se rendre.

Cette opiniâtreté engagea le roi à céder aux conseils de Béringhen, ingénieur Bruxellois, qui proposait d'inonder la ville par sa propre inondation.

Beringhen, profitant du rétrécissement de la plaine, construisit une digue à 1,400 mètres en avant de la place, depuis le côteau d'Andelain jusqu'aux hauteurs de Beautor.

Henri IV avait transféré son quartier général au château de Servais, dans lequel avait été tenu un parlement royal en 853, sous Charles II, le Chauve, petit-fils de Charlemagne, afin de surveiller plus facilement les travaux de cette digue, qui avait 1,800 mètres de longueur. Elle devait, d'après les calculs de son auteur, couvrir de $0^m$ 65 d'eau la plus grande partie de la ville.

Sully, dans ses mémoires, (livre 8, tome 2, année 1596), combat cette assertion et dit : « que l'eau ne put monter jusqu'à la hauteur qu'on s'était promise, qu'on fut contraint d'abandonner l'ouvrage et qu'il s'en fallait de six pieds que les eaux fussent assez hautes. » Tandis que Daubigné, l'historien, rapporte que : « la chaussée, ayant fait refouler les eaux de la rivière d'Oise dedans la ville de La Fère, elles pourrirent tous les magasins que les habitants avaient dans le bas. »

Cette dernière allégation paraît être la plus exacte, puisque la peste se déclara dans la ville à cause des exhalaisons morbides, enlevant la population presque tout entière. Cependant, nous hésitons entre Daubigné, qui semble être dans le vrai, et Sully qui, comme premier ministre, a été plus à portée que tout autre de connaître la vérité, puisqu'il en fut témoin oculaire.

L'archiduc Albert désirait faire lever le siége, mais n'osait attaquer l'armée royale, plus forte que la sienne; il fit diversion en s'emparant de Calais, malgré les Hollandais et Henri lui-même, qui marcha à son secours avec quatre mille cinq cents hommes.

Enhardi, l'archiduc entreprit le siège d'Ardres, et le roi, craignant encore de perdre cette ville, offrit une capitulation honorable à La Fère. qui se trouvait réduite à la dernière extrémité.

Cette capitulation, dont le texte suit, a été signée le 16 mai 1596. Elle est rapportée aux registres de la municipalité, par MM. de Froidoux et Laigret, notaires royaux au bailliage de Vermandois, à la résidence de La Fère, le 22 mai 1596, avant midi :

« Le Roy accorde, au sénéchal de Montélimar, à don Alvaro Ossorio et autres, capitaines et gens de guerre quy sont à présent dans la ville de La Fère, les conditions quy ensuivent :

« Qu'ils sortiront de lad. ville dans mercredi prochain, à dix heures, la laisseront libre entre les mains de Sa Majesté, ensemble l'artillerie et munitions.

« Et moyennant ce, Sa Majesté permet audit sénéchal, don Alvaro Ossorio et auxdits autres capitaines et gens de guerre, tant de cheval que de pied, estrangers et François, de sortir de ladite ville avec leurs armes, chevaulx et bagaige, et seront conduits en toute seureté avec l'escorte que Sa Majesté leur baillera, savoir : les gens de guerre jusqu'au Castelet, et les charrettes et baigaiges jusqu'à Cambray.

« Lesd. capitaines et autres gens de guerre pourront sortir de ladite ville, enseignes et cornettes déployées, les tambours battant, trompettes sonnant, les mesches allumées et la balle à la bouche.

« Leur est permis de mener avec eulx ung canon quy n'est à la marque de France avec munitions pour tirer dix coups et leur seront fourny les chevaulx pour les mener jusques au Castelet.

« Leur seront baillis les charois nécessaires pour emmener leurs baigaiges, mallades et blessés.

« Le Roy accorde que les quittances qu'a baillez ledit sénéchal, tant pour les tailles, taillons, domaines et autres deniers qu'il a reçus ou fait recevoir pour le temps qui est eschu, seront valables.

« Ne sera aussi fait aucune recherche des dons qu'a faict ledit sénéchal, ny de la vente qui en a esté faite.

« Ceux qui sortiront de ladite ville ne pourront estre arretez pour leurs debtes ni pour autres occasions.

« Les habitants de ladite ville, en faisant le serment de fidélité, seront traictés par Sa Majesté comme ses autres subets et ne pourront être recherchés d'avoir pris les armes par les ordres dudit sénéchal lorsque le marquis de Maignelai à esté tué et iceulx desdits habitants qui ne voudront retirer pourront sortir avec lesdits gens de guerre aux mêmes conditions.

« Les habitants ne pourront être contraints à rendre ce

qu'ils feront paraistre avoir esté pris sur le marquis de Maignelai.

« Et pour seureté des articles ci-dessus, et de la promesse qu'ils ont faite de ne recevoir aucun secours pendant ledit temps,

« Ledit sénéchal et don Avaro Ossorio ont baillez leur foy et honneur et pour ostages les capitaines Donutar, Capula, Marie et Dom Anthonio Gonsolles de Gaddlasar.

« Fait au camp devant La Fère, le seizième jour de may 1596.

« *Signé*, HENRY, et plus bas, POTIER. »

De ce qui précède, il résulte que les La Férois tinrent Henri IV en échec depuis le 8 novembre 1595 jusqu'au 16 mai 1596, six mois et huit jours.

Nous pensons cependant que le bon Henri, le père du peuple, le plus grand et le meilleur des Bourbons, n'a pas voulu faire subir à la ville toutes les horreurs d'un assaut ; qu'en la bloquant étroitement, il a seulement cherché à l'intimider et à la forcer à se rendre sans sévices bien graves.

Nous soupçonnons fort ce bon roi d'avoir favorisé l'entrée des six cents sacs de farine conduits par Basti, comme il avait favorisé l'entrée des bateaux de blé dans Paris, lorsqu'il en faisait le siége.

Il était, du reste, de bonne politique, et l'intelligent Béarnais le savait bien, de ménager ses sujets futurs pour se les attacher davantage. Peut-être aussi doit-on cette gracieuseté à ce que La Fère est la ville natale de son aïeul Charles de Bourbon, duc de Vendôme, et de son père, Antoine de Bourbon, roi de Navarre.

Rendus à leur souverain qu'ils possédèrent quelque temps dans leurs murs, les habitants firent éclater la joie la plus vive, après avoir été frappés, en quelques mois, par les deux plus cruels fléaux que les hommes aient à supporter, la guerre et la peste.

Débarrassés des troupes étrangères, des Espagnols surtout, sous le joug desquelles ils avaient vécu plusieurs années, ils crurent que le souffle des passions politiques qui les avait agités si longtemps allait enfin disparaître pour faire place à la paix, pour les consoler des maux qu'ils avaient endurés, et faire luire sur eux des jours calmes et prospères ; ils étaient dans l'erreur.

Ici doit prendre place le règlement qui régissait la garde bourgeoise en 1614.

« De par le Roi :

« Monsieur de Manicamp, gouverneur de la ville de La Fère, et Messieurs les maire et jurés d'icelle.

« Sur ce que plusieurs habitants de cestes ville de La Fère, peu soigneux de leur conservation et mal affectionnés au bien public, ont, avant ces premiers troubles, vendu leurs armes aux païsans et autres personnes étrangères, que autres en font estat d'en achetter quelques admonitions qu'on leur en ai faites, le tout au préjudice de la conservation de cestes place au service de Sa Majesté et du païs, s'il n'y estoit pourvus. Il est enjoint à tous habitants de cestes ville qui sont cotés à trente sols de taille et au dessus, d'avoir chacun un mousquet, harquebuze avec le fourniment, espée, dit que par permission où autres telles armes qui leur seront ordonnés pour s'en servir à la garde de ladite ville à toutes occasions qui s'offriront.

« Que ceulx qui auront commandement, d'avoir mousquet, harquebuze, seront tenus d'avoir en réserve en leur maison chacun une livre de poudre, une livre de plomb en balles et six brasses de mesches qu'ils devront tous représenter à leur capitaine de quartier, dans trois jours pour tous délay, à faute de quoi faire lesdits trois jours passés, les contrevenants seront contraints par emprisonnement de leur personne et vente de leurs principaulx meubles, jusqu'à la concurrence de vingt livres chacun, pour être ladite somme employée en achat desdits mousquet, harquebuze, fourniment, pique, espée et équipage.

« Que tous les habitants seront tenus d'aller en personne aux gardes de nuits et gardes des portes quand il leur sera commandé de la part des maire et jurés d'icelle, de se rendre avec leurs armes à l'assiette de la garde au lieudit *le Bloq*, incontinent le son de la cloche de ladite ville, sur peine de trente sols d'amende applicable aux fortifications de cette ville, contre chacun défaillant, et de païer outre la solde de celuy qui y sera commis en la place dudit défaillant.

« N'estoit qu'il y eut excuse, maladie ou autre légitime empêchement que l'on sera tenu faire proposer à ladite assiette, autrement on n'y aura aucun égard, que nul gaigne denier ne sera reçu à faire garde pour autruy, soit de nuit, soit de jour, s'il n'a harquebuze, fourniment et équipage à ce nécessaire ou telles autres armes qu'il aura été ordonné à celui pour lequel il fera la garde.

« Ceux qui seront ordonnés pour faire le guet de nuit porteront mousquet, harquebuze, pique et autres bonnes armes qui leur auront été commandé par celui qui commandera, lequel pourra porter une bonne hallebarde, pique ou pertuizanne, le tout sur peine de soixante sols parisis d'amende, applicable auxdites fortifications, à prendre sur chacun défaillant.

« Que celui qui aura assis la garde avec lesd. habitants ou gaigne deniers et autres équipages que dessus est ou sera condampné en l'amende susdite, comme aussi chacun de ceulx qui seront ordonnés pour la garde de nuit et de jour, à moins qu'ils en reçoipvent au départ de celui qui aura fait ladite assiette.

« Il est enjoint à tous ceulx qui seront ordonnés de faire les rondes, de les faire en personne et aux heures qui leur auront été ordonnées, avec armes suffisantes, sur peine de prison et de trente sols d'amende, et seront tenus ceulx qui commanderont aux corps de garde d'avertir le maire de la ville des fautes qui seront commises en la teneur des présentes, sur les peines susdites.

« Tous habitants ne pourront habandonner leur garde sans congé de leur caporal, pour quelque cause ou occasion que ce soit dit où aucuns d'eulx es-jours de dimanches et festes solempnelles et autres jours voudraient aller au service divin, desjeuner, dîner, ou souper en leurs maisons, faire le pourront les ungs après les autres, et y demeurer par l'espace d'une heure au plus avec le congé susdit, le tout en sorte qu'aux corps de garde il n'y ait manque que de deux ou trois hommes de chacune escouade, sur les peines et amendes que dessus.

« Les caporaulx qui commanderont aux habitants seront tenus de poser leurs sentinelles aux lieux nécessaires et accoutumez dependant de leur corps de garde à l'instant qu'ils y arriveront, sans les pouvoir lever avant le soleil levé ou ouverture des portes de ladite ville sur lesdites peines et amendes.

« Ne pourront les sentinelles partir du lieu où elles auront été posées que par le mandement de leur caporal et où elles seroient trouvées dormantes, encoureront les peines édictées par les ordonnances roïaulx.

« Advenant alarme les capitaines des quartiers, leurs lieutenants, caporaulx et tous les habitants d'icelle ville seront tenus se rendre promptement avec leurs armes à eux ordonnés, chacun en leur quartier, pour y recevoir les commandements et y faire leur debvoir sur peine de trois jours de prison et dix livres d'amende contre chacun défaillant qui n'aura d'excuse légitime, et se saisiront lesdits capitaines, lieutenants et caporaulx des rebelles et réfractaires aux commandements qui leur seront faits par lesdits sieurs gouverneur, maire et jurés, leurs capitaines, lieutenants et caporaulx pour les mettre es mains des maire et jurés qui en prendront punition selon l'exigence du cas.

« Ne pourront lesdits habitants, l'alarme sonné, estre empêché d'aller en leur quartier et monter sur le rampart à quelque heure que ce soit, à moins qu'ils n'aient le mot du guet de nuit.

« L'alarme sonnant de nuit, chacun habitant sera tenu d'allumer une chandelle dans une lanterne qu'il posera au devant de sa maison, et ceulx qui demeureront es-carrefour de cestes dite ville seront tenus contribuer pour y allumer et faire feu, afin que l'on puisse y voir clair et recognaître ceux quy iront et passeront dans les rues, sur peine de soixante sols parisis d'amende pour chacun défaillant.

« Est aussi ordonné à tous et à chacun des habitants d'avoir et tenir ordinairement en leur maison une hotte et palon féré du loucet, et à ceulx qui ont moïen d'avoir un pique ou hoïau pour s'en servir en cas de nécessité pour la fortification de cestes ville, à peine de soixante sols d'amende.

« Et afin que nul ne prétende cause d'ignorance du présent règlement, est ordonné qu'il sera publié à son de trompe ou de tambour par les carrefours de cestes ville, lequel sera inscrit au registre d'icelle pour y avoir recours quant besoing sera, et qu'il sera attaché audit *Blocq* ou devanture de l'hostel et maison de paix de cestes ville. Fait audit La Fère le quatrième jour d'avril mil six cent quatorze.

« Les présentes ont été lues et publiées à son de tambour et cris publics sur la place et carrefours d'icelle ville de La Fère, par moi, gresfier de ladite ville, soussigné et scellés; attachés au blocq d'icelle ville, le samedy, cinquième jour d'avril mil six cent quatorze. Signé, LEBON. »

Chaque compagnie avait son capitaine, son lieutenant et son enseigne. Il y avait en outre quatre capitaines quarteniers qui pouvaient être pris parmi les capitaines des compagnies. Le service de ces derniers était ainsi divisé : Du Pont des Poissons à la porte de Saint-Quentin (Saint-Firmin), le commandement était confié à Antoine Gossart, capitaine de ce quartier, son lieutenant, Jean Fabre, était chargé de la garde de l'espace compris entre cette porte et le bout de la rue d'Esqueffort (derrière les casernes). La garde des environs du château était confiée à Nicolas Leclère, maire et capitaine, à Charles Dambertrand, son lieutenant, et à Antoine Gobeaut, enseigne de la compagnie. Enfin, le dernier quartier, celui de la rue des Vaches (Canonniers), à la garde de Nicolas Lefèvre, capitaine, et d'Antoine Burgard, son lieutenant.

La discipline n'a jamais été la vertu prépondérante des milices bourgeoises. Le service ne s'y est jamais fait d'une manière exemplaire, surtout en temps de paix. En temps de guerre ou de trouble, on vit souvent ces gardes aussi disciplinées que les troupes régulières, accomplir des prodiges de valeur. Les citoyens comprennent parfaitement, du reste, que lors du danger, l'ordre, la discipline et l'obéissance aux lois sont les seules choses avec lesquelles on parvient à sauvegarder la tranquillité, à assurer le respect dû à tous et à la propriété.

Le premier jugement, rendu en matière de discipline, que l'on rencontre dans les archives, est celui qui suit ; il fut prononcé le 29 juillet 1616, contre MM. Nicolas Benoit, lieutenant général civil et criminel au bailliage de Marle, siége de La Fère, Claude Duflot, avocat, Charles Dambertrand, procureur du roi, et Louis Dange, maître particulier des eaux et forêts de la châtellenie de La Fère et comté de Marle.

« Attendu que ces Messieurs ne se sont pas présentés aux gardes depuis la paix dernière, nous avons ordonné et ordonnons, qu'eux et les habitants de cette ville, contribuables aux tailles et qui ne sont dûment dispensés des gardes de la dite ville par Sa Majesté, seront sommés et contraints aux dites gardes de cette ville tant de jour que de nuit, à peine chacun défaillant de seize sols parisis d'amende pour la première fois, de trente-deux sols pour la seconde, et de soixante pour la troisième, en quoi nous les avons condamnés et condamnons dès à présent pour lors, payables par corps, saisies de rentes de bien, nonobstant oppositions ou appellations quelconques et sans préjudice à tous autres droits. »

Une chose contre laquelle s'éleveraient nos mœurs actuelles et qu'on prendrait pour une fable que nous inventons à plaisir si nous n'avions pour nous des pièces irréfutables, les originaux des jugements prononcés en la chambre de paix, c'est qu'avant et après le 12 juillet 1621, date à laquelle fut rendu le jugement sur lequel nous nous appuyons; les femmes faisaient partie de la garde bourgeoise.

« Voici la pièce et la preuve :

« A esté conclud et ordonné en la chambre de paix, en la présence et du consentement du procureur d'office d'icelle que les femmes veuves de ceste ville seront distraites du rolle de la garde bourgeoise de ladite ville et seront deschargées à leur tour en payant par chacune d'elle deux sols par chacune semaine, à commencer le jour d'hier, pour lesdits deniers estre employez pour aider au paiement du guet de la ville et gouvernement de La Fère de l'ordonnance de Monsieur le gouverneur de ceste ville et qu'au paiement desdits deux sols par chacune desdites semaines, elles seront contraintes nonobstant oppositions ou appellations quelconques connue pour les propres deniers du roy. »

Les prêtres étaient aussi assujettis au service de milicien, car ils furent condamnés le 12 août 1622, à payer chacun dix sols par mois, pour refus de faire le guet de jour et de nuit établi au haut du clocher depuis trois ans, pour la conservation de cette ville en l'obéissance du roi, à cause de la nécessité et occurence du temps, à compter du 1er juin dernier, pour être lesdits deniers employés au paiement dudit guet du clocher, au lieu de la garde que lesdits ecclésiastiques et bénéficiers sont tenus de faire.

Ici un siècle s'écoule sans qu'on puisse trouver dans les archives aucune trace de cette garde, si ce n'est cependant le fait suivant :

On venait d'établir le polygone, les paysans, mécontents de son emplacement, avaient formé l'intention de le détruire ; l'autorité, prévenue, donna ordre à la milice de se rendre sur les lieux pour empêcher toute effervescence, elle s'y rendit en effet, à l'exception d'un seul, le lieutenant Dufour, de la compagnie de M. Wuyon, qui fut, pour cette insubordination, destitué et remplacé par M. Jean Pailly.

A partir de cette époque, la milice tomba en désuétude, ses services n'étant plus aussi efficaces que dans les temps plus reculés où il fallait toujours s'attendre à être attaqué par quelques coups de mains imprévus.

Nous nous trouvons donc arrivés à 1789, à cette immortelle Révolution française, dont les grands principes feront le tour du monde. . . . . . . . . . . . .
. . . . . . . . . . . . . . . . . . . . . . . .
. . . . . . . . . . . . . . . . . . . . . . . .
. . . . . . . . . . . . . . . . . . . . . . . .

La garde nationale de La Fère s'organisa sous l'initiative de M. Védé, maire, qui en fut nommé colonel le 19 juillet 1789. Elle se composait de huit compagnies, lesquelles se composaient elles-mêmes de tous les citoyens valides qui étaient appelés à faire le service actif. Les femmes veuves, les demoiselles, les ecclésiastiques, les religieuses mêmes et les bourgeois aisés, mais invalides, durent, par arrêté du 18 septembre 1789, payer le service de milicien. Pour assurer l'exécution de cette mesure fiscale, les sergents-majors comprirent sur les contrôles de leur compagnie tous les individus exemptés moyennant indemnité.

Le 14 mai 1791, le conseil municipal autorisa l'achat d'un drapeau tricolore pour la garde nationale.

En 1792, lorsque l'Assemblée nationale eût décrété que la patrie était en danger, beaucoup de gardes nationaux de La Fère partirent volontairement pour la défendre. A cette grande et magnanime époque, le peuple fut sublime, se levant comme un seul, il chassa l'étranger aux cris mille fois répétés de *France et liberté!* qui firent de chaque soldat un héros, de chaque citoyen un soldat. Quel patriotisme! quel enthousiasme ces mots divins, ces chants guerriers inspirèrent aux Français et leur firent accomplir des prodiges de valeur dont il ne faut chercher d'exemples que chez les Grecs et les Romains de l'antiquité. Combattre nu pieds, sans solde et sans pain, pour l'immortalité des grands principes de 89, c'était leur plus grand désir ; mourir oublié pour l'indépendance et la liberté de la nation, c'était leur plus belle récompense. Ces mots sur leurs tombes : *Ils ont bien mérité de la patrie,* voilà leur oraison funèbre. . . . . . . . . . . .
. . . . . . . . . . . . . . . . . . . . . . . .
. . . . . . . . . . . . . . . . . . . . . . . .
. . . . . . . . . . . . . . . . . . . . . . . .
. . . . . . . . . . . . . . . . . . . . . . . .
. . . . . . . . . . . . . . . . . . . . . . . .
. . . . . . . . . . . . . . . . . . . . . . . .

Sous l'Empire, la garde nationale ne se composait en grande partie que de corps mobilisés. Celle de La Fère, comprise dans la cohorte de l'Aisne, tint garnison à Anvers, à Flessingue en 1809, à Lille en 1814 et 1815 ; plusieurs des citoyens qui en faisaient partie, sont encore existants.

En 1814, lorsque les Prussiens se présentèrent devant la ville, le commandant de place capitula sans s'être défendu ; aussi, lorsqu'il donna connaissance de ce fait à la garde nationale sédentaire, plusieurs citoyens, croyant à une trahison, voulurent le fusiller.

Voici le texte de la capitulation copié sur l'original :

« Art. 1er. — Le redan en avant de la porte de Laon sera remis de suite aux troupes prussiennes, la porte même sera occupée le 28, à dix heures, et les autres troupes entreront à onze heures.

« Art. 2. — La garnison sortira avec les honneurs de la guerre, tambour battant et déposera ses armes sur les glacis. La garnison devra sortir par la porte de Saint-Firmin, elle déposera les armes quand un détachement aura passé à travers la ville devant lequel elle défilera.

« Art. 3. — Les officiers conserveront leurs effets, leur épée et leurs chevaux. Les soldats conserveront leurs effets.

« Art. 4. — La garnison ne sera point prisonnière. Les officiers, ainsi que la garnison, s'engageront sur leur parole d'honneur de ne pas servir contre les alliés la guerre durante. Les officiers auront la permission de retourner au sein de leur famille et seront escortés jusqu'aux avant-postes de l'armée française. La garde départementale sera renvoyée dans ses foyers.

« Art. 5. — La garnison sera escortée jusqu'à la première ville libre. Les militaires malades suivront le sort de la garnison. Il sera fourni à cet effet le nombre de voitures nécessaires.

« Art. 6. — On n'imposera de contributions et de réquisitions que dans les formes légales et pour l'entretien des troupes. Toutes les propriétés seront respectées.

« Art. 7. — La garnison sera proportionnée à la petitesse de la ville, elle sera logée dans les casernes, si elle sont en bon état, elle sera nourrie aux frais de la ville. Les officiers seront logés chez les particuliers.

« Art. 8. — Il s'entend de soi-même que la capitulation signée devra être respectée par les autres troupes alliées.

« Art. 9. — Un commissaire et un officier nommés par le général commandant la troupe assiégeante seront envoyés aujourd'hui en ville pour se faire remettre, d'après l'inventaire, toutes les pièces d'artillerie, munitions, ouvrages, provisions et autres objets appartenant à l'Empereur de France, qui peuvent se trouver dans la place. Il dépendra de ces officiers de rester la nuit à l'arsenal.

La Fère, le 27 février 1814.

« Signé : Baron MARLEN et POMMEREUL. »

Ce qui suit est écrit de la main du général, puis semblé avoir été rayé par lui :

« Les officiers donneront chacun séparément leur parole d'honneur par écrit.

« Vu et approuvé par le général commandant la troupe assiégeante.     « Signé : De Thumen. »

Le maire invita ses concitoyens à continuer paisiblement leurs travaux ordinaires et à donner leurs marchandises sans difficultés aux étrangers qui devaient les payer comptant.

Une fois maîtres de la ville, les Prussiens la mirent à contributions sous toutes les formes.

Les Russes qui étaient arrivés quelques jours après, écrivaient au maire, « vous n'obéirez qu'à nous, » les Prussiens en disaient autant, si bien que sans celui qui devait obéir et qui fut le conciliateur, ils en seraient venus aux mains sur l'Esplanade où déjà l'artillerie était en batterie.

M. de Massary-Delille a droit à l'éternelle reconnaissance des habitants de cette ville pour le dévouement dont il a fait preuve en cette occasion et celles qui ont suivi.

On ne saurait croire que de courage et de patriotisme il faut aux autorités pour conserver le pouvoir et l'exercer dans ces moments si difficiles.

Le peuple ne saurait avoir trop d'amour pour ces magistrats. Il est du reste à hauteur de sa mission, lui seul a de la reconnaissance pour le bien qu'on lui a fait, pour ceux qui défendent ses intérêts, pour ceux qui savent se souvenir qu'ils sont ses enfants.

Nous ne pouvons non plus passer sous silence ces réquisitions vexatoires sans nombre et sans fin ni frein, qui assaillirent la municipalité, c'est inouï, c'est incroyable, ce qui fut fourni.

Sur les 50,000 fr. dépensés pour la solde et la nourriture des troupes alliées, la table du général baron de Bülow en a bien coûté 10,000 aux La Férois. Nous soupçonnons fort le commissaire ordonnateur Jacob, chargé des réquisitions, d'avoir détourné à son profit une partie des vivres destinés à soutenir Son Excellence de Bülow.

Voici un aperçu de ce qu'on fournissait à ce général pour sa table :

Bœuf, veau, mouton, poulets, pommes de terre, haricots, choux, farine, sel, cerises, prunes et poires sèches, poivre, beurre, noix, vinaigre, huile d'olive, bon vin, herbages pour la soupe, jambon, riz, macarons, pain, brochets, champagne, cognac, café, sucre, etc.

Et pour ses bureaux :

Papier, plumes, encre, cire, crachoirs, sable, etc., on demandait un tapissier et du damas pour lui garnir un lit, on allait même jusqu'à demander des gratifications pour les gens chargés de flatter ses goûts et ceux de ses officiers; la ville paya 75 fr. de gratification à sa cuisinière.

Voilà les maux inséparables de la guerre, ils sont tristes et durs, mais inévitables.

Chaque habitant avait un certain nombre de soldats à nourrir. Voici ce qu'on devait à chacun, de par de Bülow :

Au déjeuner :
Une soupe de farine ou de bière; une tartine; un petit verre d'eau-de-vie.

Au dîner :
Une soupe avec une demi-livre de viande; des légumes cuits avec de la graisse convenable; une livre de pain; une bouteille de bière.

Au souper :
Une soupe ou des légumes; une demi-livre de pain; un petit verre d'eau-de-vie.

Nous souhaitons de tout cœur une nourriture pareille aux soldats français.

Quant aux officiers, on supposait que les citoyens les traiteraient avec les égards dus à leur rang.......

Un officier et son domestique coûtaient 10 fr. par jour à celui qui les logeait.

D'après ce qui précède, nous déclarons que tout homme qui, le pouvant, ne prend pas les armes pour chasser l'étranger du sol sacré de la patrie, est un traître à la nation et un lâche, digne tout au plus de porter une quenouille.

..............................................................................
..............................................................................
..............................................................................
..............................................................................

En 1815, la garde nationale de La Fère se distingua en concourant efficacement à la défense de la place.

Voici les faits :
La bataille de Waterloo venait d'être perdue, l'ennemi entrait en France presque en même temps que nos soldats en pleine déroute. On avait appris ce malheur le 21 juin. La ville avait une garnison qui se composait comme l'indique le tableau ci-joint.

Pour sauver le matériel considérable de l'arsenal, matériel évalué plus tard à dix millions, la garde nationale, les habitants et la garnison jurèrent, pour éviter le désastre de l'année précédente, de s'enfermer dans leurs murs et de se défendre jusqu'à la dernière extrémité, pendant que l'armée battue se retirerait derrière la Loire.

Les travaux de fortification furent poussés jour et nuit et avec une rapidité extrême. Tous rivalisèrent de zèle et de patriotisme.

On retint les hommes isolés qui voulurent bien s'arrêter. Un détachement de 230 pontonniers qui avait conservé toute sa discipline, entra en ville, attiré de ce côté par le bruit du canon, et consentit à partager le sort des habitants et de la garnison.

Un service régulier fut organisé, 33 pièces étaient en batterie et les eaux étaient assez hautes le 25 au soir pour mettre la ville à l'abri d'un coup de main.

Le 24, les Prussiens occupèrent Travecy et poussèrent des reconnaissances jusqu'aux portes de la ville : le poste de Saint-Firmin fit feu sur des hussards qui se retirèrent après quelques balles échangées.

Le lendemain, l'ennemi reparut en force. Un officier prussien de la division Ziethen, vint sommer la ville de se rendre, on refusa de l'écouter. Six heures après, l'assiégeant avait mis quinze obusiers en batterie, à environ six cents mètres de la place, qui répondit vigoureusement au feu nourri de l'étranger et lui fit beaucoup de mal avec les gros calibres dont elle était pourvue.

Dans cette journée l'ennemi eut 120 hommes de mis hors de combat.

En quelques heures la demi compagnie d'artillerie de la garde nationale mobile, qui occupait une des redoutes près de la porte Saint-Firmin, avait démonté cinq des pièces de l'ennemi.

Cette demi-compagnie dont la seconde moitié était à Laon, comptait 80 légionnaires sur un effectif de 120 hommes, c'est assez dire ce dont elle était capable.

Cette première attaque avait eu pour résultat d'aguerrir la garde nationale qui était restée avec la troupe 24 heures sous les armes.

L'ennemi avait cherché en vain à gagner les hauteurs d'Andelain, par la prairie, l'inondation était trop forte et trop complète, il dut renoncer à ce projet. Les difficultés étant trop grandes à surmonter.

Les travaux de défense qui avaient été interrompus furent repris et continués avec activité.

Des escarmouches eurent lieu les jours suivants. Le 3 juillet une alerte sérieuse se produisit à la porte de Luxembourg' la troupe occupant le poste fit une sortie, et sans que le rappel fût battu, les gardes nationaux accoururent, les Prussiens battirent en retraite.

Paris venait de se rendre sans combat sérieux ; le commandant des assiégeants exigea qu'on lui remît la place dans les 24 heures, attendu que Louis XVIII était remonté sur le trône. Les assiégés refusèrent catégoriquement. Le lendemain, nouvelle sommation, nouveau refus.

Le 17, on convint que l'on ne pourrait reprendre les hostilités qu'après s'être prévenu 12 heures à l'avance.

Le 18, le drapeau blanc fut arboré à la pointe du jour et la cocarde blanche remplaça la cocarde tricolore.

Le 21, le commandant prussien écrivit que la ville ayant reconnu l'autorité du roi, l'état de siége devait cesser et demanda la remise de la place. Ce à quoi il fut répondu qu'on ne la lui remettrait que sur un ordre exprès du roi.

Le 22, un officier partit rendre compte au ministre de la guerre de la situation du corps de place.

Le 24, les Prussiens intimèrent l'ordre de leur remettre la ville et le matériel, que, dans le cas de refus, ils rouvriraient les hostilités le lendemain à deux heures du matin.

La garnison fut prévenue de cette rupture, et la copie de la lettre du ministre de la guerre, qu'avait rapportée l'officier envoyé, fut mise à l'ordre du jour. Elle ordonnait de repousser la force par la force. On jura de se défendre et des dispositions furent prises pour répondre à l'attaque qui devait avoir lieu la nuit même.

Le 25, de grands mouvements de troupes se firent parmi les assiégeants. Ils occupèrent Andelain, Charmes et Danizy, puis resserrèrent étroitement le blocus. Le général Ziethen s'avança dans la plaine jusqu'à 500 mètres de la place. Un vieux canonnier de la garde nationale, de garde à la batterie située près du grand hangard de l'arsenal, trouvant l'occasion belle et bonne, fit feu malgré les ordres contraires qui avaient été donnés par le commandant de place. Le peloton de lanciers qui escortaient Ziethen fut mis en déroute, le général en fut quitte pour la peur, et le cheval de l'aide de camp fut tué sous lui ; mais avec un admirable sang-froid, cet officier coupa les sangles de la selle, et emporta son harnachement sur la tête.

Cette violation de la suspension d'armes irrita tellement le général prussien qu'il menaça la place de sa colère et annonça que sous 24 heures, un bombardement aurait lieu. Il fit des préparatifs sérieux. Des ouvrages fascinés couvrirent les hauteurs d'Andelain. Une forte batterie fut établie à mi-côte du Mont-Frenoy, et l'on put voir une tranchée commencée sur la rive droite de l'Oise, à 500 mètres environ de la porte Saint-Firmin, près de l'embranchement des routes de Saint-Quentin et de Chauny. Les avant-postes furent rapprochés aussi près que le débordement le permit. — C'est à partir du 25 juillet que la place fut bloquée complètement ; jusque là elle ne l'avait été que jusqu'à la porte Saint-Firmin.

Des négociations eurent lieu. Les Prussiens avaient voulu, par leurs préparatifs, en imposer à la place. Ils offrirent une capitulation semblable à celles de Soissons et Laon, comme article principal la remise de la ville et du matériel qu'elle renfermait.

Accepter ces conditions était le seul moyen de salut offert

aux habitants. Il y avait donc danger réel, on le comprit, mais toutefois, sans s'effrayer. De vives protestations d'amitié et de dévouement furent échangées entre la garde nationale et la garnison. Promesse mutuelle fut faite de résister jusqu'à la dernière extrémité.

Voici ce qu'on répondit à l'ultimatum de l'ennemi :

« Les troupes alliées n'entreront pas dans La Fère, les officiers seuls pourront y séjourner, mais sans avoir droit au logement militaire.

« Les communications seront établies entre la place et la capitale. On facilitera un passage à l'ennemi, autour de la ville.

« Il ne sera rien enlevé à l'arsenal dont le matériel restera intact. »

Ces propositions étaient exagérées, le général Steinnetz qui avait succédé à Ziethen les rejeta. Elles n'avaient, du reste, été faites que pour gagner du temps. Le 20 octobre, les Prussiens s'emparèrent des batteries du polygone, en retournèrent les embrasures contre La Fère, employèrent les paysans qu'ils purent assembler, à construire de nouveaux ouvrages, consolidèrent les anciens ; rien ne fut épargné et la place fut prévenue que l'attaque commencerait le lendemain.

Elle répondit qu'elle était prête à tous sacrifices. Cette décision avait été prise par le conseil de défense, assisté des principaux habitants.

Une proclamation fut solennellement publiée en ville. Elle invitait chacun au dévouement. Il n'y eut point de murmures. On enfouit ce qu'on avait de plus précieux. Des tonnes d'eau furent placées sur le devant des maisons. Quatre-vingts pièces de tout calibre étaient prêtes à faire feu.

Un silence lugubre régnait en ville. L'ennemi s'en tint heureusement à ses menaces.

La conduite courageuse des La Férois ne pouvait que recevoir une récompense. En effet, le 26 octobre, le général Blücher lui-même, annonça, par une lettre excessivement flatteuse pour la garde nationale et la troupe, que le blocus venait d'être levé.

L'investissement était toujours complet et l'on n'osait croire à tant de bonheur, lorsque dans la nuit du 5 novembre, l'incendie des palissades des baraques et des fascines annonça que les déclarations de l'ennemi avaient été sincères.

Le lendemain fut un jour de fête et de bonheur. La ville était libre, les portes étaient ouvertes, les rues ne suffisaient plus, l'encombrement était à son comble. Toutes les populations des villages voisins étaient accourues apportant des provisions de toute espèce, La Fère était bloquée par une population ivre de joie après l'avoir été par les alliés pendant quatre mois et dix jours.

L'approvisionnement n'avait pu suffire pour si longtemps,

et depuis la fin de septembre, le cheval avait remplacé la viande de boucherie. Le pain ne manquait point encore, mais les privations commençaient à harceler la classe pauvre, elles furent tempérées par les secours nombreux que lui procura la plus aisée.

Ainsi se termina cette résistance courageuse et opiniâtre qui sauva à l'État des valeurs considérables, préserva la ville des horreurs de l'occupation étrangère et ajouta une noble et belle page à l'histoire de La Fère, belliqueuse cité qui soutint plusieurs siéges et a encore aujourd'hui quatre-vingts de ses fils sous les armes.

L'ordre du jour suivant donne, du reste, un aperçu du bon esprit qui animait les habitants:

« La garnison recueille en ce moment les fruits de ses longs travaux et de ses fatigues.

« Les braves qui la composent ont conservé au roi une place et un arsenal que les circonstances rendent encore plus importants.

« C'est en redoublant de zèle qu'ils ont suppléé au nombre, lorsqu'ils ont été abandonnés par quelques lâches qui sont déjà punis dans leurs foyers par le mépris de leurs compatriotes, et qui recevront plus tard le juste châtiment dû à leur trahison.

« Dans l'attaque du 26 juin, la garnison a déconcerté par sa bonne contenance le projet de l'étranger. Depuis cette époque, le courage avec lequel elle a supporté toutes les privations et la régularité avec laquelle elle a fait un service pénible, lui ont acquis des droits à la bienveillance du gouvernement et à la reconnaissance des habitants d'une ville qu'elle a préservée des malheurs de l'invasion ; les étrangers eux-mêmes n'ont pu lui refuser les éloges que mérite sa conduite, ainsi que l'a fait connaître le commandant prussien dans la lettre par laquelle il prévient officiellement que le blocus est levé.

« On ne peut trop louer la conduite du bataillon des pontonniers, qui, ne faisant pas primitivement partie de la garnison, prit spontanément la résolution d'arrêter sa marche pour unir ses efforts à ceux des autres troupes, et jura de défendre la place jusqu'à la dernière extrémité.

« La garde nationale, dont une partie a fait avec distinction le service extérieur dans un poste important, s'est montrée digne émule de la garnison. M. Lemaistre, son commandant, la représentait au conseil de défense; il a, par son patriotisme, son autorité et son zèle infatigable, constamment fait régner l'ordre, entretenu la discipline et établi la régularité dans le service. Les habitants se sont soumis avec courage et résignation à tous les maux et à toutes les privations qu'entraîne l'état de blocus.

« Monsieur de Massary Delille a repris les fonctions de maire le 18 juillet, et rempli tout ce qu'on peut attendre d'un magistrat ferme et éclairé. Il a secondé puissamment le conseil de défense dans toutes les mesures qui avaient pour but la conservation de la place.

« Enfin, la garnison, la garde nationale, les habitants et leurs magistrats, tous animés du même esprit, se sont constamment dévoués au roi et à la patrie.

« La Fère, le 7 novembre 1815. »

Ni les privations toujours croissantes, ni l'intempérie de la saison, ni le défaut de solde, à l'exception du pain, les jours de garde, pour les plus pauvres seulement, rien, en un mot, pendant plus de quatre mois, ne put ralentir le zèle, l'exactitude et la discipline de la garde nationale, dans un service de tous les jours.

Les étrangers occupèrent, pendant trois ans, certains points de la France ; l'ancien arrondissement de Chauny, dont La Fère faisait partie autrefois, fut compris dans cette occupation, mais La Fère en fut exemptée, à cause de sa belle défense et des maux qu'elle eut à souffrir l'année précédente.

M. le chevalier de Massary Delille, maire de la ville de La Fère, prononça, le 26 novembre 1815, le discours suivant, à la garde nationale assemblée en armes sur la place :

« Monsieur le commandant, Messieurs les officiers, sous-officiers et soldats de la garde nationale,

« Personne ne rend plus de justice que moi au courage, au zèle et à la constance soutenue dont vous avez donné tant de preuves éclatantes pendant le siége et toute la durée du blocus de cette place ; aussi est-il bien flatteur pour moi de vous faire connaître un nouveau témoignage de la satisfaction du roi. Vous vous êtes associés, Messieurs, aux dangers et aux nobles travaux de la garnison. Vous deviez avoir l'orgueil de partager sa gloire. Le roi, notre auguste maître, vous en fait une juste part, sans diminuer en rien celle de nos braves défenseurs.

« Il s'exprime ainsi par l'organe de Son Exc. le ministre de la guerre, d'après sa lettre du 16 de ce mois à M. le préfet de l'Aisne, dont ce magistrat me recommande la publicité. »

« Monsieur, je réponds à la lettre que vous m'avez fait l'honneur de m'écrire le 6 de ce mois.

« En rendant compte à S. M. de la levée du blocus de La Fère, je ne lui ai point laissé ignorer la bonne conduite de la garnison de cette place. Le roi connaît aussi la part distinguée que les habitants ont eu à sa défense, et S. M. apprécie les sacrifices de tous genres auxquels ils se sont résignés pendant toute la durée du blocus. Il ne peut que vous être agréable d'avoir à leur transmettre à cet égard la satisfaction de S. M.

« J'ai l'honneur d'être, Monsieur, avec le plus parfait attachement, votre très-humble et très-obéissant serviteur.

« *Signé,* Duc de Feltre. »

« Ces titres, Messieurs, sont bien honorables pour une cité ; ils deviennent sa propriété la plus précieuse. La célébrité que vous avez attachée au nom de la ville de La Fère rejaillit sur chacun de vous et honorera encore vos descendants. La patrie, dont vous avez soutenu l'honneur, vous compte avec orgueil au nombre de ses enfants chéris. Elle confiera à l'histoire le souvenir de votre courage et de votre dévouement. Ce serait peu, Messieurs, d'avoir acquis de la gloire, si vous ne la transmettiez sans tache à vos enfants. Vous l'avez acquise, cette gloire, par votre fidélité au roi et à la patrie. Ce n'est qu'en continuant à remplir les devoirs sacrés, que vous la conserverez pure ; et je me flatte, Messieurs, que la ville de La Fère, après avoir donné l'exemple de tant de vertus, voudra donner aussi celui de la fidélité au roi et à la patrie. »

L'ordonnance suivante du roi Louis XVIII fera voir mieux encore les grands services que la garde nationale de l'Aisne, et celle de La Fère en particulier, rendirent à l'Etat dans ces moments difficiles.

« Louis, par la grâce de Dieu, roi de France et de Navarre, etc.

« Nous avons sous les yeux l'état des services rendus par les gardes nationales de l'Aisne, à Saint-Quentin, Guise, Château-Thierry, Vervins, et sur les autres points du département ; elles ont concouru avec zèle à la défense du territoire et au maintien de la paix publique. Elles ont gardé avec courage les postes de Laon et de Soissons, et n'ont capitulé que par nos ordres. Dans cette dernière ville, les ravages de la guerre et ceux d'une explosion non moins funeste à ses habitants, ne les ont pas empêchés d'ajouter à leurs sacrifices l'abandon de leur droit au remboursement de l'emprunt. *Enfin, les gardes nationales de La Fère ont résisté, jusqu'à la paix, à un blocus long et rigoureux, et nous ont conservé le dépôt d'artillerie confié à leur fidélité, avec une constance que n'ont point ébranlée, ni les fatigues du service, ni les privations que partageaient leurs familles.*

« Voulant récompenser une conduite si honorable, autant que les circonstances le permettent ;

« Sur la proposition qui nous en a été faite par notre bien-aimé frère, Monsieur, colonel général des gardes nationales, de concert avec notre ministre secrétaire de l'intérieur ;

« Notre conseil entendu,

« Nous avons ordonné et ordonnons ce qui suit :

« Art. 1er. — Lorsque nous, ou les princes de notre famille, nous séjournerons dans le département de l'Aisne, *les gardes nationales nous fourniront une garde d'honneur,* qui fera près de nous le service, conjointement avec notre maison militaire, conformément au mode établi pour la garde nationale de Paris. »

Le conseil municipal, en récompense des services rendus à la ville par le commandant de place Berthier, lui fit don d'une épée d'honneur, avec poignée en vermeil, portant d'un côté : *Au commandant Berthier, la ville de La Fère reconnaissante;* et, de l'autre : *Blocus de La Fère, du 26 juin au 5 novembre* 1815.

C'est peu donner, lorsqu'on a tant reçu ; mais la commune, criblée de dettes, ne pouvait faire plus. Les dons offerts du fond du cœur sont, du reste, préférables aux richesses.

A la levée du blocus, il était dû à la garnison, la solde d'octobre et les 10 premiers jours de novembre : 36,000 fr. environ.

Excepté la viande de boucherie, rien n'a manqué.

La correspondance avec Paris ne fut jamais interrompue. Les messagers (facteurs) n'ont pas craint de rester des heures entières dans l'eau, pour réussir à tromper la vigilance des postes prussiens. Aucun d'eux n'a été arrêté. On ne saurait trop louer la conduite courageuse et patriotique de ces modestes agents, souvent porteurs de secrets d'état pouvant perdre la place.

MM. Tronquoy, directeur des postes à Chauny, Laurent de Lyonne, ingénieur des ponts et chaussées, et Bucoy, pharmacien en cette ville, se sont exposés pour assurer le libre passage des dépêches.

Des remerciments ont été adressés à ces bons Français par le conseil de défense, pour les féliciter de leur conduite loyale et généreuse et leur temoigner la reconnaissance de tous.

Quelques déserteurs, parlant l'allemand, furent incorporés dans les troupes prussiennes.

D'autres furent ramenés par l'ennemi à qui des ordres supérieurs avaient été donnés pour ne point les recevoir. Ces derniers subirent la peine de l'exposition publique au carcan sur un échafaud dressé sur l'esplanade. Plusieurs avaient ajouté à leur infamie celle de dire aux Prussiens que la place était réduite à la dernière extrémité.

On dit que le mot lâche était écrit au-dessus de leur tête, qu'un rouet était placé devant eux, et qu'ils étaient vêtus d'habillements féminins.

Ils reçurent, plus tard, la punition due à leur infâme et ignominieuse conduite.

.......................................................

On fit des couplets patriotiques sur la belle résistance de La Fère. Ces couplets furent chantés au banquet offert par les officiers de la garde nationale aux membres du conseil de défense.

D'autres furent chantés à M. le maréchal de camp Sarrebourx, de Pons-le-Roi, commandant l'école d'artillerie, arrivé à La Fère le lendemain de la levée du blocus.

Nous nous faisons un devoir de donner ci-après le tableau des soldats citoyens qui ont concouru à la défense de La Fère, tableau inséré aux registres des délibérations du conseil municipal, pour perpétuer leurs noms dans la mémoire des siècles et les rendre chers aux bons patriotes.

## Garde nationale sédentaire.

*CONTROLE de MM. les officiers, sous-officiers et fusiliers de la Garde Nationale de La Fère, qui ont fait le service pendant le siége et blocus de la place, du 26 juin au 5 novembre 1815.*

### ETAT-MAJOR.

1 Lemaistre Louis-François, capitaine-commandant.
2 Rondeaux Joseph, adjudant-major.
3 Duchange Jean-François, capitaine à la suite.
4 Jeannin, id.
5 Trouquoy Louis, sous-lieutenant.

### PREMIÈRE COMPAGNIE.

1 Griselin Jean-Baptiste, capitaine.
2 Harriet Pierre, lieutenant.
3 Mérest Pierre-Augustin, huissier, sergent-major.
4 Binet Simon, jardinier, sergent.
5 Simon Nicolas, tailleur, id.
6 Gayant Firmin, tailleur, id.
7 Oger Louis, messager, id.
8 Cagniard Honoré, cordonnier, id.
9 Bigot François, caporal.
10 Bégard Etienne, serrurier, id.
11 Ponthieu Jean-Baptiste, menuisier, id.
12 Tellier Charles-Antoine, charcutier, id.
13 Monoury Jean-Louis, tonnelier, id.
14 Hénot Montain, cabaretier, id.
15 Cagniard Jean-Baptiste, cordonnier, id.
16 Massouille Adrien, charron, id.
17 Lachoix Felin, bourrelier, fusilier (a fait le service à l'avancée).
18 Lefèvre-Cagniard Honoré, charpentier, id.
19 Lebègue Joachim, menuisier.
20 Fleury Désiré, couvreur, id.
21 Boulanger Ferdinand, perruquier, id.
22 Goblet Joseph, taillandier, id.
23 Billiet fils, Théodore, maréchal, id.
24 Flavigny Privat-Louis, manouvrier, id.
25 Poulle Philbert, maréchal, id.
26 Tricot Félix, manouvrier, id.
27 Brunet fils, cordonnier, id.
28 Goudemant François, sabotier, id.
29 Blezelle fils, Auguste, serrurier, id.
30 Plet fils, Félix, tailleur, id.
31 Duchange fils, Jean-Baptiste, cordonnier, id.
32 Allongi fils, Montain, menuisier, id.
33 Lefèvre fils, Jean-François, cordonnier, id.
34 Gaudin Louis, cordier, id.
35 Schoppach Jean-Micha, vétérinaire, id.
36 Grouselle Nicolas-Joseph, voiturier, id.

37 Charles, garçon tanneur, *id.*
38 Flament-Fouquart Gabriel, propriétaire, *id.*
39 Soret Louis, épicier, *id.*
40 Plet père, François, manouvrier, *id.*
41 Laporte fils, Jean-Baptiste, menuisier, *id.*
42 Flavignon Jean-Baptiste-François F., pharmacien, *id.*
43 Heesse Jean-Charles-François, menuisier, *id.*
44 Lescot Louis-Joseph, marchand de faïence, *id.*
45 Poirier Jean-Pierre, voiturier, *id.*
46 Marchandise Nicolas, cordonnier, *id.*
47 Massouille Louis, charron, *id.*
48 Dufour Jean, cabaretier, *id.*
49 Lefèvre père, Louis-Nicolas, cordonnier, *id.*
50 Blezelle père, Louis, boulanger, *id.*
51 Martinant Auguste, cordonnier, *id.*
52 Saget François-Jean-Marie, manouvrier, *id.*
53 Massouille François, cultivateur, *id.*
54 Boudart Pierre-Jean-Baptiste, instituteur, *id.*
55 Dassonville Auguste, sabotier, *id.*
56 Lamotte Jean-Louis, manouvrier, *id.*
57 Thisse père, Thomas, charpentier, *id.*
58 Allongé père, Thomas, tanneur, *id.*
59 Dartois Baptiste, maréchal, *id.*
60 Quierzy Montain, serrurier, *id.*
61 Lempermesse Pierre-Joseph, manouvrier, *id.*
62 Bourdon Georges, cordonnier, *id.*
63 Rousseau Jean-Baptiste, maréchal, *id.*
64 Guilbert, tanneur, *id.*
65 Pécus Pierre-François, tambour, *id.*

### DEUXIÈME COMPAGNIE.

1 Vèbre François-Ignace, capitaine.
2 Desgieux Joseph, lieutenant.
3 Roty Joseph, marchand de vins, sergent-major.
4 Kratzs Pierre-Philippe, menuisier, sergent.
5 Husseau Joseph, cordonnier, *id.*
6 Roger Joseph-Pierre-Philippe, perruquier, *id.*
7 Barbet François, faïencier, *id.*
8 Arrachart Maurice, cabaretier, *id.*
9 Graux Ch.-Jos., coutelier, caporal (a fait le service à l'avancée)
10 Menu Pierre, perruquier, *id.*
11 Joffet Armand, menuisier, *id.*
12 Dupont Charles-Quentin, charron, *id.*
13 Liézart Nicolas-Joseph, maréchal, *id.*
14 Moreau, cordonnier, *id.*
15 Tombois François, cabaretier, caporal.
16 Billiet François, teinturier, *id.*
17 Duhaution Isidore, tailleur, *id.*
18 Cagniard Hilaire, tailleur, fusilier (a fait le service à l'avancée).
19 Gourdin Hyacinthe, épicier, *id.*
20 Oudin, charcutier, *id.*
21 Leclère Isidore, boulanger, *id.*
22 Cordier Jean-François, boulanger, *id.*
23 Reni fils, boucher, *id.*
24 Tardieu Charles-Marin, aubergiste, *id.*
25 Pecquignaux Louis, serrurier, *id.*

26 Copin père, voiturier, *id.*
27 Maillet Iréné, voiturier, *id.*
28 Chauvelle Florentin-François, voiturier, *id.*
29 Marcel Jean-François-Ladillas, voiturier, *id.*
30 Loiseau, cultivateur, *id.*
31 Fouquet Claude, aubergiste, *id.*
32 Robert Honoré, maçon, *id.*
33 Petit François, tisserand, *id.*
34 Reignier Jean-Charles, voiturier, *id.*
35 Picard Charles, cultivateur, *id.*
36 Laurent Fontaine-Laurent, jardinier, *id.*
37 Pétromoine père, Pierre-Joseph, menuisier, *id.*
38 Pétromoine fils, Ferdinand, menuisier, *id.*
39 Jérôme Claude, tanneur, *id.*
40 Lefèvre Auguste, marchand tanneur, *id.*
41 Brice Lallemant, voiturier, *id.*
42 Hubert Brouas, manouvrier, *id.*
43 Duchange Joseph, cabaretier, *id.*
44 Nicolas père, François, boulanger, *id.*
45 Nicolas fils, Alexis-François, boulanger, *id.*
46 Quest Alexandre, perruquier, *id.*
47 Cocher Pierre-Joseph, couvreur, *id.*
48 Mépuis Nicolas-Philippe, marchand de toile, *id.*
49 Grave François, serrurier, *id.*
50 Gagneux, manouvrier, *id.*
51 François François, manouvrier, *id.*
52 Renaud Sébastien, tonnelier, *id.*
53 Billiet Félix, manouvrier, *id.*
54 Millet, manouvrier, *id.*
55 Leroy fils, Chevalier, charpentier, *id.*
56 Guilmot (de Suzy-le-Château), *id.*
57 Decelle Montain, charron, *id.*
58 Teillet Toussain, manouvrier, *id.*
59 Billiet Antoine, maréchal, *id.*
60 Horne, tailleur, *id.*
61 Kratzst fils, serrurier, *id.*
62 Gauchet Antoine, serrurier, *id.*

## TROISIÈME COMPAGNIE.

1 Fouilloy Louis-Charles, capitaine.
2 Brunelle Charles, lieutenant.
3 Conseil Philippe, sous-lieutenant.
4 Ponce François-Joseph, sergent-major.
5 Boulanger Pierre-Louis, sergent.
6 Resillon François-Charles, cabaretier, *id.*
7 Poncelet Jean-François, ferblantier, *id.*
8 Chopin François, tailleur, *id.*
9 Dorigny Jean-Pierre, brigadier de gendarmerie, *id.* (a fait le service à l'avancée).
10 Vaillant Médard-Firmin, charcutier, caporal.
11 Lequien Amable-Pierre, fripier; *id.*
12 Dordigny Montain-Vincent, pharmacien, *id.*
13 Testienne Charles, tailleur, *id.*
14 Leclère François-Constant, tourneur, *id.*
15 Minet Dieudonné, fripier, *id.*
16 Lefèvre Jean-Louis, bonnetier, *id.*

17 Dequin Louis-François, horloger, *id.*
18 Levasseur Louis-Eugène, fripier, *id.*
19 Lebrun fils, J., écrivain, fusilier (a fait le service à l'avancée).
20 Poncelet fils, J.-L., ferblantier, *id.* (a fait le service à l'avancée).
21 Demommerot Claude, médecin, *id.* (a fait le service à l'avancée).
22 Bogé Victor, pharmacien, *id.* (a fait le service à l'avancée).
23 Henry Baptiste, manouvrier, *id.* (a fait le service à l'avancée).
24 Brasky Jean, manouvrier, *id.* (a fait le service à l'avancée).
25 Grusen L.-C., commerçant, *id.* (a fait le service à l'avancée).
26 Fouilloy fils, Louis César, *id.* (a fait le service à l'avancée).
27 Cochefert F.-Claude, menuisier (a fait le service à l'avancée).
28 Mignot Armand, *id.* (a fait le service à l'avancée).
29 Boulanger Louis-Alexis, *id.* (a fait le service à l'avancée).
30 Poulles Jacques, propriétaire, *id.*
31 Malhère Louis-Marie, marchand drapier, *id.*
32 Tardieu Cadet, maître de billard, *id.*
33 Brunelle Montain, couvreur, *id.*
34 Edouard Cartier, couvreur, *id.*
35 Deleau Jean-André, orfèvre, *id.*
36 Finy Jean-Etienne, marchand épicier, *id.*
37 Delvincourt Charles, percepteur, *id.*
38 Olivier Curtius, tailleur; *id.*
39 Pioche Pilbert-Joseph, commerçant, *id.*
40 Rigaux Montain, pharmacien, *id.*
41 Boucher Antoine, matelassier, *id.*
42 Hugues Louis-Philbert, notaire. *id.*
43 Fauvelle père, Jean-Pierre-Louis, horloger, *id.*
44 Viéfville Florimond-Armand, propriétaire, *id.*
45 Grandidier Nicolas, taillandier, *id.*
46 Taconet Amand, marchand bonnetier, *id.*
47 Pontruct Joseph, tailleur, *id.*
48 Cochefert père, François, menuisier, *id.*
49 Camus Louis-Alexis, clerc de notaire, *id.*
50 Butin Louis, clerc de notaire, *id.*
51 Soulas Jean-Louis, drapier, *id.*
53 Cronier fils, Nicolas, épicier, *id.*
54 Nocq Louis-Humbert, cabaretier, *id.*
55 Cousin Bény-Louis, boucher, *id.*
56 Tanger Nicolas-Hubert, tailleur, *id.*
57 Guillain Louis, manouvrier, *id.*
58 Rapin Jean-Baptiste, manouvrier, *id.*
59 Maréchal François, tailleur, *id.*
60 Lamotte Charles, cordonnier, *id.*
61 Proisy Jean-Louis-Victor, écrivain, *id.*
62 Defez Etienne, cordonnier, *id.*
63 Triquenaux Montain-Zacharie, chapelier, *id.*
64 Tonnelier père, Jean-François, menuisier, *id.*
65 Lefèvre Montain-François, tailleur, *id.*
66 Lagnier fils, Louis, tailleur, *id.*
67 Cagniard Joseph, cordonnier, *id.*
68 Boulanger Louis-Joseph, cordonnier, *id.*
69 Lemercier Louis-Marc, drapier, *id.*
70 Cochefert Eugène, menuisier, *id.*
71 Besson Louis-Félix, *id.*
72 Montelle fils, Louis-Isidore, *id.*
73 Merendet Jean-Baptiste, bimbelotier, *id.*

74 Boitelle Médard, plâtrier, *id.*
75 Duming Jean-Baptiste-Marie, greffier de paix, *id.*
76 Brunelle Louis, couvreur, tambour.
77 Viéville Antoine-François, instituteur, sergent-major (a fait le service jusqu'au 31 août où l'âge l'a empêché de continuer).

## QUATRIÈME COMPAGNIE.

1 Leroux Agathon, capitaine.
2 Cronier Cholet-Charles, lieutenant.
3 Lefloch Montain-Auguste, sous-lieutenant.
4 Tordeux Joseph-Jérôme, épicier, sergent-major.
5 Tronquoy Montain-François, vitrier, sergent.
6 Touret Benoit, fripier, *id.*
7 Gilbert Quentin-Auguste, marchand de toile, *id.*
8 Delaby Honoré François, cultivateur, *id.*
9 Choisy Pierre-Charles, notaire, *id.*
10 Delépine Ante-Christophe, marchand de modes, caporal.
11 Portes Jean-Montain, menuisier, *id.*
12 Cagniard Jean-François, cordonnier, caporal.
12 Balossier Denis, fripier, *id.*
14 Guibert Claude, marchand de tabac, *id.*
15 Périn Pierre-Montain, cabaretier, *id.*
16 Duchange François-Charles, plâtrier, *id.*
17 Vatin François-Joseph, arpenteur, fusilier (a fait le service à l'avancée).
18 Cronier Auguste, négociant, *id.* (a fait le service à l'avancée).
19 Detalle fils Publicola, tailleur, *id.* (a fait le service à l'avancée).
20 Priel Nicolas-Paul-Guillaume, clerc de notaire, *id.* (a fait le service à l'avancée).
21 Duvey Victor, march. de bœufs, *id.* (a fait le service à l'avancée).
22 Patin Gérard, g$^{on}$ boulanger, *id.* (a fait le service à l'avancée).
23 Choisy Stanislas, *id.* (a fait le service à l'avancée).
24 Dupuy aîné, pharmacien, *id.* (a fait le service à l'avancée).
25 Baumet César, cordonnier, *id.* (a fait le service à l'avancée).
26 Fauvelle fils, étud. en médecine, *id.* (a fait le service à l'avancée).
27 Vatin Joseph-Nicolas, bonnetier, *id.* (a fait le service à l'avancée).
28 Lainel Claude, boulanger, *id.*
29 Lefèvre Cosme, boucher, *id.*
30 Dupuy Athanase, pharmacien, *id.*
31 Cronier Paul-Brutus, marchand de drap, *id.*
32 Cagniard Hector, tailleur, *id.*
33 Desgieux père Charles-Alexandre, commerçant, *id.*
34 Riche Henri, boulanger, *id.*
35 Porte fils Joseph, menuisier, *id.*
36 Flick fils, écrivain, *id.*
37 Vatin Philippe, arpenteur, *id.*
38 Vaillant Antoine, cordonnier, *id.*
39 Couzart François-Félix, boulanger, *id.*
40 Poindron Joseph-Constant, fabricant de chandelles, *id.*
41 Flament Charles-François, notaire.
42 Chopin, père, François-Joseph, *id.*
43 Bourdon Georges, cordonnier, *id.*
44 Plaquet, garçon meunier, *id.*
45 Lebrun père, bonnetier, *id.*
46 Félis Jean, marchand de peaux, *id.*

47 Constant-Voiturier, marchand de peaux, id.
48 Maupetit Pierre-Louis, organiste, id.
49 Tricoteaux Jean-Louis, fripier, id.
50 Clotin Louis-Joseph, serrurier, id.
51 Chopin, fils, Pierre-Joseph, voiturier, id.
52 Lajeunesse François, déchargeur, id.
53 Forté Joseph, tailleur, id.
54 Hirault Nicolas-Joseph, manouvrier, id.
55 Hubert Pierre, homme de confiance, ld.
56 Leroux fils, Jacques-Titus, étudiant en droit, id.
57 Quierzy Charles-François, menuisier, id.
58 Massouille Fidèle, charron, id.
59 Morant François-Antoine, cordonnier. id.
60 Ardillon, père, Montain, serrurier, id.
61 Duquenoy, garçon greffier, id.
62 Desroy Fidel-Montain, tailleur, id.
62 Destailles, père, Nicolas-Alexandre, tailleur, id.
64 Drocourt fils, tailleur, id.
65 Lantenoy, cabaretier, id.
66 Boutelet Etienne, bottier, id.
67 Bonnard, cordonnier, id.
68 Chantreau, faïencier, id.
69 Brunelle Auguste, couvreur, id.
70 Gabrielle, garçon de moulin, id.
71 Cocher, cuisinier. id.
72 Harlay Octave-Louis-Emile, âgé de 15 ans, id. (admis à remplacer son père, secrétaire adjoint à la mairie).
73 Leclère François, cordier, tambour.

## CINQUIEME COMPAGNIE.

1 Bécus, capitaine.
2 Lavigne Jean-Baptiste, lieutenant.
3 Frison Honoré-François, sous-lieutenant.
4 Bellouin Jacques, bourrelier, sergent-major.
5 Tripet Jean-Remi, menuisier, sergent.
6 Loiseau Joseph, cordonnier, id.
7 Marchand, tailleur, id.
8 Ballet Louis-François, chaufournier, id.
9 Journelle Emery, bonnetier, id.
10 Cochefert Louis, tailleur, id.
11 Villart Jean-Baptiste, boulanger, caporal.
12 Ballet Cadet, bonnetier, id.
13 Guébin Louis, marchand de tabac. id.
14 Lyon Jean-Louis, jardinier, id.
15 Vaguenet François, id.
16 Bornaux Jean-Henri, tailleur, id.
17 Peltier Joseph, menuisier, fusilier (a fait le service à l'avancée).
18 Tribouillet fils Louis, négociant, id. (a fait le service à l'avancée).
19 Lozan François, cordonnier, id. (a fait le service à l'avancée).
20 Merest Auguste. serrurier, id.
21 Leclère Antoine, menuisier, id.
22 Nocq Claude-Isidore, bonnetier, id.
23 Moufflard Jean-Pierre, manouvrier, id.
24 Frédéric, Georges, manouvrier, id.
25 Hems Jean, manouvrier, id.
26 Jeannin Jean-Marie. manouvrier, id.

27 Dumoury Paul-Joseph, manouvrier, *id.*
28 Billiet Constant, maréchal, *id.*
29 Couzart Mathieux, boulanger, *id.*
30 Chaineaux François-Aimable, serrurier, *id.*
31 Eberhard Antoine, tailleur, *id.*
32 Emourgeon, Claude-Dieudonné, tailleur, *id.*
33 Thevenot Louis, cordonnier, *id.*
34 Devaux Narcisse aîné, cordonnier, *id.*
35 Devaux Louis, cordonnier, *id.*
36 Lecomte Nicolas, boucher, *id.*
37 Jacquet, tailleur, *id.*
38 Lecomte Montain, cordonnier, *id.*
39 Lecomte fils Nicolas, cordonnier, *id.*
40 Desforges, père, Nicolas, tailleur, *id.*
41 Desforges, fils, Montain-Nicolas, tailleur, *id.*
42 Lignier Pierre, perruquier, *id.*
43 Ponce Diguerre, boucher, *id.*
44 Regnier Étienne, tonnelier, *id.*
45 Tardieu Joseph, meunier, *id.*
46 Noel Philippe. cabaretier, *id.*
47 Chaineaux Amable, serrurier, *id.*
48 Chaineaux aîné Jean-François, serrurier, *id.*
49 Gayot Jean-Baptiste, cabaretier, *id.*
50 Micha Charles-Joseph, chapelier, *id.*
51 Couteret Pierre, menuisier, *id.*
52 Prouet Jean-Baptiste, horloger en bois, *id.*
53 Lorain Louis, serrurier, *id.*
54 Lefèvre l'allemand, cordonnier, *id.*
55 Tagnon Nicolas, manouvrier, *id.*
56 Legrand Jean-Louis, bonnetier, *id.*
57 Bouré Amable, chapelier, *id.*
58 Oudin Jean-Baptiste, cordonnier, *id.*
59 Chaineaux père, Armand, *id.*
60 Chaineaux fils, *id.*
61 Varmet Charles, *id.*
62 Renaud fils Pierre-Joseph, plâtrier, *id.*
63 Renaud fils, plâtrier, *id.*
64 Coze Joseph, *id.*
65 Lévêque Victor, manouvrier, *id.*
66 Desiepre-Poulot, tonnelier, *id.*
67 Renaud-Doudoux, plâtrier, *id.*
68 Lamart père, Charpentier, *id.*
69 Lamart fils, charpentier, *id.*
70 Oger Auguste, menuisier, *id.*
71 Gervais Ambroise, boucher, *id.*
72 Pelletier Joseph, tailleur, *id.*
73 Robert Victor-Benoist, maçon, *id.*
74 Révil Pascal, maçon, *id.*
75 Désiepre François, tonnelier, *id.*
76 Coze père, Joseph, sabotier, *id.*
77 Coze Montain, sabotier, *id.*
78 Coze Constant, sabotier, *id.*
79 Hureaux Jean-Baptiste, sabotier, *id.*
80 Baudet François, commissionnaire, *id.*
81 Semery Victor, marchand épicier, *id.*
82 Gerbin Jean-Marin, rentier, *id.*

83 Laplace Jean-Louis, épicier, *id.*
84 Vitot Charles, tapissier, *id.*
85 Perdu Montain, fripier, *id.*
86 Orville, vitrier, tambour.

Certifié par nous, soussigné, capitaine commandant la Garde nationale de La Fère.

La Fère, le 16 décembre 1815.

*Signé :* Lemaistre.

La Garde nationale se composait donc comme suit :

| | |
|---|---|
| Etat major . . . . . . . . | 5 |
| 1<sup>re</sup> Compagnie. . . . . . | 65 |
| 2<sup>e</sup>    —    . . . . . . | 62 |
| 3<sup>e</sup>    —    . . . . . . | 77 |
| 4<sup>e</sup>    —    . . . . . . | 73 |
| 5<sup>e</sup>    —    . . . . . . | 86 |
| Total . . . | 368 hommes. |

Sous la Restauration, la Garde nationale n'existait guère que de nom.

Reconstituée d'elle-même après la révolution de 1830, elle fut organisée définitivement aussitôt la promulgation et sur les principes posés comme base, par la loi du 22 mars 1831. Elle formait un bataillon composé d'une subdivision de sapeurs-pompiers, d'une subdivision d'artillerie, d'un peloton cantonal de cavalerie, d'une compagnie de grenadiers, de deux compagnies de chasseurs et d'une compagnie de voltigeurs. La musique de ce bataillon était assez nombreuse et assez bonne.

La Garde nationale fut constamment maintenue en cet état jusqu'en 1848 ; aussi, en 1847, lorsque le duc de Montpensier vint à La Fère, visiter la ville et ses établissements militaires, la complimenta-t-il sur sa belle tenue et son aptitude dans les manœuvres. Il disait vrai.

La Révolution de 1848 augmenta le nombre des gardes nationaux en qu'elle y admit tous les citoyens sans condition de cens.

Les grenadiers, les chasseurs et les voltigeurs furent remplacés par quatre compagnies de fusiliers qui, toutes, portèrent les épaulettes et le pompon de grenadier.

Lors des événements de juin 1848, elle fut appelée à fournir un détachement pour rétablir l'ordre dans la capitale : soixante-quatorze citoyens se présentèrent volontairement pour partir : la garde des prisonniers enfermés dans les caves des Tuileries leur fut confiée.

Voici les noms des soldas citoyens composant cette colonne mobile.

1 Dégieux, propriétaire, adjoint municipal.

2 Gronnier, propriétaire, chef de bataillon.
3 Lemaistre, sous-inspecteur des forêts, lieutenant.
4 Lefèvre Anatoile-Joseph, propriétaire, *id*.
5 Laporte, restaurateur, *id*.
6 Delvincourt, percepteur, *id*.
7 Cauchy, entrepreneur, sous-lieutenant.
8 Lantenoy, notaire, *id*.
9 Delépine, commis, *id*.
10 Billié, vétérinaire, *id*.
11 Peuillard, commis, *id*.
12 Heesse, menuisier, adjudant.
13 Labouret, docteur-médecin, maréchal-des-logis.
14 Decroix, négociant, *id*.
15 Lavilette, commis, fourrier.
16 Lagarde, menuisier, tambour-maître.
17 Cousin Paul, propriétaire, brigadier.
18 Billiet Auguste, maréchal, carporal.
19 Valissant, aubergiste, *id*.
20 Menu Jules, épicier, garde national.
21 Langlet, clerc de notaire, *id*.
22 Duchaussé fils, épicier, *id*.
23 Bosk, bijoutier, *id*.
24 Billiet Charles, employé, *id*.
25 Merdasse, chaudronnier, *id*.
26 Tassé, employé des contributions indirectes, *id*.
27 Toucasse, employé des contributions indirectes, *id*.
28 Cuvelette, aubergiste, *id*.
29 Leboulanger, aubergiste, *id*.
30 Wilmot, limonadier, *id*.
31 Lemoine Paul, dit *St-Louis*, id. (mort d'une blessure au talon).
32 Perrot, charpentier, *id*.
33 Petit, cabaretier, *id*.
34 Préchateau, propriétaire, *id*.
35 Lefèvre Alphonse, propriétaire, *id*.
36 Briquet Emile, propriétaire, *id*.
37 Lefèvre, propriétaire, *id*.
38 Beckerhoff Jules, employé, *id*.
39 Delépine jeune, employé, *id*.
40 Blot, notaire, *id*.
41 Cronier Auguste, propriétaire, *id*.
42 Cronier fils, propriétaire, *id*.
43 Itam, banquier, *id*.
44 Maillet fils, propriétaire, *id*.
45 Desplanques, peintre, *id*.
46 Triquenaux Adolphe, propriétaire, *id*.
47 Billiet Prosper-Louis, maréchal, *id*.
48 Falour fils, maréchal, *id*.
49 Tellier, professeur, *id*.
50 Charlier, professeur, *id*.
51 Lamart fils, charpentier, *id*.
52 Desmoulins fils, tailleur, *id*.
53 Heesse Albert, menuisier, *id*.
54 Désert fils, employé, *id*.
55 Desenne, employé, *id*.
56 Faucheux, tailleur, *id*.
57 Ardillon fils, *id*.

58 Karme, fondeur, *id.*
59 Lefloch, propriétaire, *id.*
60 Fatien fils, commis, *id.*
61 Flick père, cordonnier, *id.*
62 Saty, chef d'institution, *id.*
63 Delacourt fils, boulanger, *id.*
64 Damay fils, meunier, *id.*
65 Oudin Jean-Baptiste, restaurateur, *id.*
66 Page, professeur à l'Ecole d'art, *id.*
67 Blot, du Sart, propriétaire, *id.*
68 Oger, de Fressancourt, propriétaire, *id.*
69 Falour, de Versigny, propriétaire, *id.*
70 Falour Adrien, de Versigny, propriétaire, *id.*
71 Lamart fils, charpentier, *id.*
72 Jean, charpentier, *id.*
73 Fontaine, voiturier, tambour, *id.*
74 Brutus, forgeur, *id.*

Le conseil municipal, dans sa séance du 7 juillet 1848, vota des remerciements à ces hommes amis de l'ordre et de la liberté, félicita la subdivision de sapeurs-pompiers sur ce qu'elle se présenta toute entière pour partir volontairement avec ses concitoyens; chose qui ne fut point acceptée, vu les services utiles qu'elle pouvait être appelée à rendre ici pendant l'absence des volontaires.

La Garde nationale de La Fère n'a jamais été aussi prompte à se mettre sous les armes que lors de l'alerte de juin 1848. Elle eut fait, le cas échéant, dans cette circonstance, preuve de courage et de patriotisme comme dans les divers siéges qu'elle contribua puissamment à soutenir.

Le 10 juin 1850, lors du passage en cette ville du Président de la République, après avoir passé en revue les Gardes nationales du canton, voici en quels termes il s'exprima sur l'esprit militaire de la ville de La Fère, à la fin du déjeûner qui lui fut offert par la municipalité.

« J'ai visité hier une ville illustre par son industrie et par son commerce; aujourd'hui, je visite une autre ville qui s'est toujours distinguée par son excellent esprit militaire.

« La religion cherche à propager la foi en honorant ses martyrs. Eh bien! nous aussi, nous propageons les traditions de patriotisme et de gloire dans les villes comme celle-ci qui gardent comme un dépôt sacré l'esprit militaire.

« C'est pour cela que je porte un toast à la ville de La Fère, où sont toujours restés en honneur les souvenirs de ceux qui sont morts pour la patrie et qui servent d'exemple aux vivants. A la ville de La Fère, où se forment ce sentiment national et cet esprit militaire, toujours chers aux cœurs vraiment patriotiques.

« A la ville de La Fère! »

La Garde nationale fut licenciée, puis réorganisée le 11 janvier 1852, par le décret de ce jour. Elle se compose maintenant d'une subdivision de sapeurs-pompiers de 41 hommes et d'une compagnie d'infanterie de 104 hommes.

Le 26 novembre 1858, elle rendit, à Saint-Gobain, les honneurs à l'Empereur Napoléon III, qui était venu visiter la manufacture des glaces. Sa Majesté la complimenta sur ce qu'elle avait fait dix kilomètres par une pluie battante pour lui être présentée. Elle adressa la parole à un garde national et promit au capitaine, qui l'en priait, de venir visiter la ville de La Fère. Puisse cette promesse se réaliser ! elle honorera la ville qui a déjà vu tant de souverains dans ses murs.

A la suite de la belle et noble campagne d'Italie, elle reçut avec enthousiasme les héros qui venaient d'assurer, pour l'avenir, sous le commandement d'un empereur magnanime et libéral, l'unité complète de ce berceau des arts et le triomphe des principes de 89 et de la liberté sur les débris des trônes vermoulus par l'abus de l'autorité, et rapportaient en France et la victoire et l'immortalité. Des fêtes magnifiques leur furent données : Vin d'honneur, illuminations, bal, rien ne fut négligé ; des jeunes filles en blanc, douces et nobles vierges, leur offrirent des couronnes de laurier et des fleurs.

Ces fêtes ne s'effaceront point du souvenir des habitants de la garnison d'alors.

En octobre 1859, elle rendit les honneurs au duc de Magenta, qui visitait les places fortes de son commandement dont La Fère fait partie.

Comme considérations générales, sur l'ensemble de son service actuel, nous dirons qu'elle pourrait avoir plus d'ordre, qu'avec le titre de la loi du 13 juin 1851, intitulée discipline, il serait peut-être facile d'atteindre un résultat plus satisfaisant. On pourrait, tout à la fois, concilier l'obéissance du soldat avec la liberté du citoyen et faire disparaître l'inégalité sous l'uniforme du soldat citoyen.

Voici la législation sur la Garde nationale :

La loi du 12-20 août 1790 règle avec sagesse les rapports des autorités administratives et de Gardes nationales. Cette loi défend aux Gardes nationales de s'immiscer dans l'administration municipale, et de délibérer sur les objets relatifs à l'Administration générale ; réciproquement, elle défend à l'autorité administrative d'exercer sur les corps militaires une autre action que celle des réquisitions légales, et d'intervenir dans la police intérieure, la discipline et l'ordre du service.

Le service de la Garde nationale, dans les places de guerre et les postes militaires, est régi par la loi du 8-10 juillet 1791 et par le décret du 24 décembre 1811. La loi du 15 juin 1791 renferme les principes constitutifs de la force publique, dont la Garde nationale forme la partie la plus considérable. La loi du 26-27 juillet, 3 août 1791, relative à l'action de la force publique contre les attroupements, règle les cas et les formes des réquisitions temporaires et permanentes, et subordonne dans l'intérieur le pouvoir militaire au pouvoir civil.

La loi du 29 septembre, 14 octobre 1791, contient, sur la Garde nationale, des règles que la nouvelle ne reproduit pas et dont la sagesse est incontestable. Telles sont celles qui défendent aux Gardes nationaux de discuter les réquisitions écrites de l'autorité civile et leur interdisent les délibérations. Telle est encore celle qui défend d'incorporer dans les troupes de ligne les corps ou détachements de la Garde nationale.

La loi du 28 germinal an VI, sur la gendarmerie, renferme un chapitre tout entier qui règle les rapports de la Garde nationale avec la gendarmerie dans tous les cas où l'intervention de la Garde nationale est reconnue nécessaire pour maintenir ou rétablir la paix publique, la sûreté des personnes ou des propriétés. Ces dispositions sont reproduites dans l'ordonnance du 29 octobre 1820 sur la gendarmerie.

La loi du 26 mars 1831 est relative à la mobilisation de la Garde nationale, ainsi que celle du 19 août 1832.

L'ordonnance du 24 octobre 1833 prescrit l'organisation dans chaque commune d'un service spécial de surveillance de l'armement.

La loi du 13 juin 1851 règle la discipline, qui est très-sévère. Elle règle le service des détachements que doit fournir la Garde nationale en cas d'insuffisance de la gendarmerie et de la troupe de ligne. Elle règle aussi la manière de procéder des conseils de discipline, ainsi que les exemptions, dispenses et exclusions.

Le décret du 8 septembre 1851 détermine les infirmités qui exemptent du service de la Garde nationale.

Le décret du 6 octobre 1851 détermine l'organisation des différents corps, la composition des état-major, légions, bataillons, escadrons, compagnies, subdivisions, musiques, sapeurs, etc., etc.

Le décret du 11 janvier 1852 règle le service ordinaire et l'âge. Il détermine aussi la composition des conseils de recensement et jury de révision, et les dépenses facultatives et obligatoires.

Le décret du 16 mars 1852 est relatif à l'uniforme de l'infanterie et de la cavalerie qui est obligatoire.

Nous ne voulons point terminer cette petite brochure sans faire l'historique des sapeurs-pompiers de La Fère.

En 1780, une pompe fut achetée par la ville, à cause des incendies fréquents qui éclatèrent, surtout au couvent des Capucins.

Deux autres furent acquises en 1820; ce sont celles dont on se sert encore aujourd'hui. Elles sont lourdes et défectueuses, elles auraient besoin de recevoir l'adjonction d'une pompe du dernier modèle des sapeurs-pompiers de Paris. Jusqu'en 1823, ces deux pompes étaient manœuvrées par des ouvriers en bâtiments requis à cet effet.

L'organisation militaire de ce corps, quoique déjà recommandée en 1801 par M. le Préfet de l'Aisne, n'eut lieu ici qu'en 1823 sur les bases posées dans la circulaire ministérielle du 6 février 1815.

Il se composait alors de 22 hommes, tandis qu'il forme aujourd'hui une subdivision forte de 41.

Pour que le service fût bien organisé et bien fait, il faudrait que cette subdivision devînt compagnie et eût au moins 81 hommes d'effectif légal. Cela permettrait d'avoir un cadre plus nombreux d'officiers, sous-officiers et caporaux, l'effectif dût-il être quelquefois incomplet en sapeurs. Nous serions alors les égaux de simples villages qui ont 55 et 60 hommes à leur effectif.

De 1823 à 1831, il ne fit point partie de la garde nationale, il était sous les ordres directs du Maire, et avait une organisation spéciale et une discipline particulière.

Depuis 1831, les sapeurs-pompiers font partie de la Garde nationale et c'est presque la seule qui existe dans toutes les communes de France.

En 1858, l'uniforme fut changé. Celui d'aujourd'hui tient de ceux de la Garde nationale, du génie et des sapeurs-pompiers de Paris.

L'organisation et le service réclament bien des améliorations et innovations; il est à désirer que dans un avenir prochain on les y introduise.

Nous posons ici ce principe: que les compagnies de sapeurs-pompiers n'arriveront à une bonne organisation qu'en se rapprochant le plus possible ou en copiant celle du bataillon de Paris, la meilleure connue en Europe.

Nous regrettons aussi de voir, lors des incendies, les officiers se disputer le commandement en chef, ou ne pas vouloir obéir à ce même commandement. Ce point est cependant parfaitement réglé par la loi. Voici son interprétation:

La haute surveillance, dans un incendie, appartient au Maire de la commune incendiée, à qui les lois municipales de 1791 et de 1837, donnent mission d'assurer la sûreté publique en protégeant également les personnes et la propriété. Au commandant des sapeurs-pompiers de cette commune appartient le droit et le devoir de commander l'attaque et l'extinction du feu, puisque les maires ne peuvent entrer dans les détails du service militaire. Ainsi donc, au commandant des sapeurs-pompiers de la commune incendiée, tous les pouvoirs, fût-il caporal seulement; aux autres, l'obéissance, fussent-ils généraux.

C'est ce principe qui prévaut à Paris, où un sous-lieutenant des sapeurs-pompiers commande quelquefois les officiers d'autres corps d'un grade et d'un rang bien supérieur au sien. Le Préfet de police a seulement, comme les maires, la haute surveillance.

Il n'y a là rien qui puisse humilier personne ; on obéit à la loi qui commande et non point à l'homme, et quand elle parle, tous doivent se courber sans hésitation : c'est le devoir de tout bon citoyen.

Si une commune ne possède pas de sapeurs-pompiers, c'est à l'officier de la première subdivision arrivée sur les lieux qu'appartient le commandement, après que, toutefois, il aura reçu une délégation du Maire pour l'exercer.

L'organisation communale bien comprise, exécutée loyalement, chacun se renfermant dans les limites qui lui sont tracées, ne cherchant pas, par des tiraillements inutiles, à rompre cet admirable équilibre des pouvoirs, qui fait de la France le pays le mieux administré, cette organisation, disons-nous, sera toujours préférable à celle cantonnale.

L'officier du pays connaît mieux les dispositions du terrain et des habitations, l'emplacement des réservoirs d'eau, et avec dix fois moins de capacité qu'un de ses collègues, étranger à la commune, il dirigera l'incendie avec plus de chance de réussite, et arrivera plus facilement à éteindre un feu quelconque.

Dans un incendie comme dans une armée, il faut l'unité dans le commandement, ou rien n'est possible : c'est un axiome.

La promptitude à se rendre sur le lieu du sinistre est la chose la plus essentielle, car il est prouvé que tout incendie pris à son début peut s'étouffer dans la main. Le tout est donc d'arriver à temps et de ne point s'arrêter à des jalousies sans nombre, sans fin, qui se renouvellent chaque fois. Les officiers doivent les laisser de côté et ne s'occuper que du bien du pays, qui leur en tiendra toujours compte, qu'ils en soient bien persuadés. Eteindre d'abord et s'entendre ensuite.

Un point trop négligé dans l'instruction des sapeurs-pompiers, c'est le cours spécial sur l'attaque et l'extinction des incendies.

Les principes invariables qui en sont la base doivent être connus même des simples sapeurs.

L'attaque des incendies a ses règles comme le génie a les siennes pour l'attaque des places fortes : sans elles on ne peut rien ou peu de chose.

Voici les principes généraux d'attaque :

1º Attaquer le feu sur son plan ;
2º S'en approcher le plus qu'on peut ;
3º Se porter du côté où la flamme est poussée ;
4º Garantir d'abord les escaliers, les parties qui en soutiennent d'autres et les locaux où se trouvent renfermés des objets combustibles ;

5° Noircir les portes et les parties en bois ;
6° Eviter de diriger le jet sur les vitres ;
Dans ces pays-ci, on éteint les incendies en supprimant les maisons. Les sapeurs-pompiers de Paris ne sont satisfaits que lorsque tout est debout, surtout la charpente. En effet, une charpente debout est plus facile à éteindre ; les bois étant séparés, ne s'échauffent point mutuellement.

Une charpente à terre ne cessera de brûler que faute d'aliments ; et le brasier est si ardent que l'eau est réduite en vapeur avant d'avoir touché le feu.

Du reste, détruire n'est pas éteindre.

Les flammes doivent être, lorsque c'est possible, repoussées du dedans au dehors.

Afin que les commandements puissent être entendus, on doit faire observer le silence.

Il faut se réserver une enceinte pour le travail, n'employer le public qu'aux chaînes, écarter les gens inutiles, veiller à ce que les sapeurs-pompiers seuls entrent dans les maisons incendiées.

Lorsqu'il y a de la troupe, l'employer de préférence.

Nous n'avons jamais pu nous expliquer à quoi pouvait servir la mesure qui, dans les incendies, consiste à faire tenir les boyaux des pompes. C'est un embarras pour le service. Elle gêne la circulation et amène trop de monde vers le foyer, tout le contraire de ce qui doit exister, attendu qu'on doit éloigner le public le plus posssible. Il y a toujours plus de monde qu'il n'en faut, les gens inutiles sont déjà assez nombreux sans les agglomérer sur un point et se créer plus de gêne qu'on en a déjà. Cela nuit aussi au silence à observer, car, les individus, employés à ce genre de travail, sont toujours disposés à parler, crier, rire et chanter à l'occasion, n'ayant rien ou peu de chose à faire.

Toutes les subdivisions de sapeurs-pompiers devraient être divisées en deux parties, dont l'une resterait toujours dans la commune quand l'autre s'éloignerait. Trois hommes suffisant pour manœuvrer une pompe, on pourra donc toujours opérer cette division.

Les avantages de ce système sont : 1° d'avoir toujours sous la main des hommes spéciaux en cas d'incendie ; 2° de pouvoir remplacer la première partie par la seconde, si elle était obligée de fournir un travail de plus de vingt-quatre heures.

C'est ce qui se passe à Paris.

Ces sections ne doivent pas être de service de mois en mois, mais doivent marcher à tour de rôle, car il pourrait se faire que deux ou trois incendies éclatassent dans la même semaine, ce qui serait fatiguant pour les hommes, tandis qu'à tour de rôle, ils auront toujours au moins une journée de repos.

On ne devrait pas non plus négliger de rédiger, dans

chaque commune, un règlement sur le service général des sapeurs-pompiers.

Dans l'infanterie, une ordonnance royale sur le service intérieur de cette arme indique à chacun, depuis le colonel jusqu'au tambour, ce qu'il a à faire dans toutes les positions où son service l'appelle : en garnison, en route et en campagne.

Chacun a ses devoirs tracés d'avance, partant, point d'hésitation, de perte de temps, puisque chacun sait et se trouve brisé et rompu à son service.

Les sapeurs-pompiers de Paris ont une instruction pour les incendies, indiquant les moyens employés dans les casernes pour accélérer le départ des secours.

Sauf quelques légers changements, elle peut s'appliquer presque toute entière aux sapeurs-pompiers de la Garde nationale.

Pourquoi ne pas en avoir une aussi? Il faut laisser la routine, marcher au progrès et chercher la perfection, quoiqu'on ne puisse y arriver.

C'est une grave erreur que de croire que les sapeurs-pompiers sont obligés d'obtenir la permission du commandant de place pour sortir d'une ville de guerre. Il suffit que le maire l'en ait informé par écrit; il ne faut que l'autorisation de ce dernier.

Dans les cas d'incendie, surprise ou inondation, la générale peut être battue et sonnée sans que préalablement la place en ait été informée. On croit généralement le contraire.

A La Fère, une lettre de 1858, du général d'artillerie, met à la disposition des sapeurs-pompiers le nombre de chevaux de l'Etat nécessaires pour les transporter aux incendies ainsi que leurs agrès.

Ici doit prendre place le dernier paragraphe d'une notice historique sur les sapeurs-pompiers de Paris, rédigée par une commission d'officiers de leur bataillon.

Ce paragraphe peut, presque tout entier, s'appliquer aux sapeurs-pompiers de la Garde nationale.

« Il convient de dire, en terminant, que la mission des sapeurs-pompiers est hérissée d'écueils et de difficultés de toute espèce ; elle ne peut être confiée qu'à des caractères d'élite, à des hommes dont la vigueur corporelle soit secondée par l'énergie morale, et qui sachent bien unir le désintéressement au courage, l'abnégation au sentiment du devoir. Le sapeur-pompier doit posséder au plus haut degré toutes les qualités du soldat : intelligence, force, sang-froid, intrépidité; mais il faut qu'il ait, de plus, toutes les vertus du citoyen. Sa probité doit être à toute épreuve, car il a souvent à sa disposition des valeurs considérables; il lui suffira, sous ce rapport, de rester fidèle aux traditions d'un corps où les faits de vol sont à peu près sans exemple. Il faut que sa conduite soit des plus régulières, et que son activité ne se ralentisse jamais, chaque jour amenant un service nouveau et une répétition des fatigues de la veille. Sa vie doit être une vie de dévouement, car sa tâche, dans les incendies, ne se borne pas à la manœuvre de la pompe : il doit, sans hésiter, faire le sacrifice de sa personne toutes les fois qu'il s'agit de sauver l'existence ou la fortune de ses semblables. Ici encore, les annales du bataillon offrent de nobles exemples à suivre. De toutes les vertus, l'abnégation est peut-être celle qui est la plus nécessaire au sapeur-pompier; rarement, en effet, lui tient-on compte des dangers qu'il a courus pour étouffer un péril naissant dont généralement on n'a pas soupçonné la gravité. Les habitués des théâtres de Paris ne se doutent guère de la situation dangereuse qu'occupent les sapeurs-pompiers qui protégent leurs plaisirs. En lisant les détails de ces grands incendies qui désolent périodiquement les capitales de l'Europe, les habitants de Paris ne réfléchissent pas toujours qu'ils n'ont rien vu de semblable depuis l'établissement du corps des sapeurs-pompiers, et que c'est grâce au zèle et au dévouement de ceux-ci qu'ils ont presque acquis le droit de se montrer indifférents à cet égard. Bien loin qu'il y ait là pour les sapeurs-pompiers un motif de découragement, ils doivent bien se persuader que la sécurité, ou, si l'on aime mieux, l'indifférence du public, est le plus bel éloge que l'on puisse faire de leur institution. Le sentiment du devoir qu'il a rempli n'est-il pas, d'ailleurs, pour l'homme de cœur, la plus douce et la plus glorieuse des récompenses? »

Nous regrettons de voir souvent le public, tout en reconnaissant les services que rendent les sapeurs-pompiers et leur utilité, mêler à ces sentiments des paroles d'ironie, de dérision, de plaisanterie et quelquefois même presque d'insolence. Les citoyens qui composent ce corps ne doivent ni s'en alarmer, ni s'en étonner, le Français tournant souvent en dérision les choses les plus sérieuses. Ils ont, du reste, pour eux, les administrations et toute la partie vraiment sérieuse des populations. Que peuvent leur faire alors tous les sarcasmes qu'on leur lance? Rien. N'ont-ils point, d'ailleurs, leur conscience et la satisfaction qu'ils éprouvent d'avoir rendu *gratuitement* des services réels? Qu'ils relisent la belle page écrite sur les sapeurs-pompiers de Paris, et ils y trouveront la plus noble des récompenses due à leurs efforts et à leurs travaux!

Nous avons même entendu reprocher à ce corps indispensable de n'être composé que d'ouvriers. Ce reproche retombe sur ses auteurs. Il prouve une fois de plus qu'aujourd'hui, comme jadis et toujours, l'ouvrier a eu et aura le sentiment du bien public, et qu'il sait appliquer, à sa manière, par ses services et sous l'une de ses mille formes, la charité chrétienne et les lois évangéliques du Christ-Dieu.

Si nous n'étions point de ce corps, nous nous permettrions d'en faire l'éloge, mais nous ne devons pas dire tout le dévouement et le courage qui l'anime et dont il a donné tant de preuve. Il est et sera toujours à la hauteur de la noble tâche qui lui est dévolue.

En terminant, nous concluons à ceci :

Unité de commandement, courage, abnégation, dévouement, probité, célérité, sobriété, ordre et discipline, voilà les conditions à réunir pour arriver à rendre réellement à la société des services signalés.

Nous désirons de tout cœur voir arriver le jour où, réunies, dans un concours, toutes les subdivisions de sapeurs-pompiers de la garde nationale du canton de La Fère couronneront de ces mots l'œuvre charitable et humaine qu'elles accomplissent :

UNION, CONCORDE ET FRATERNITÉ.

Voici la législation spéciale sur les sapeurs-pompiers-gardes-nationaux :

Ils sont placés sous le commandement des chefs de cette garde, et tous les ordres qu'ils reçoivent doivent passer par leurs mains. Ils sont soumis à toutes les lois de la garde nationale, excepté pour l'obligation du service, qui, chez eux, est tout volontaire.

Pour les préséances, ils sont assimilés aux sapeurs-mineurs du génie; ils prennent donc la droite sur toutes les autres armes de la garde nationale, à moins d'ordres contraires du commandant.

La loi du 5 avril 1851 règle les pensions à leur accorder, ainsi qu'à leurs veuves et à leurs enfants, lorsque, victimes de leur dévouement, ils sont blessés ou tués dans l'accomplissement de leur service. C'est la commune incendiée qui doit la pension.

Le décret du 14 juin 1852 règle leur uniforme, qui est celui qu'ils portent actuellement ici, à l'exception du casque en cuivre qu'ils devraient porter et qu'ils n'ont pas, et du sac qu'ils portent et qu'ils ne devraient pas avoir.

Une circulaire du 11 décembre 1852 règle l'institution des caisses communales de secours et pensions pour les sapeurs-pompiers, en exécution de la loi du 5 avril 1851.

Nous désirerions voir ces caisses de secours fonctionner dans toutes les communes; elles leur seraient d'un grand soulagement si elles étaient obligées de fournir une ou plusieurs pensions à des hommes blessés chez elles.

Si, comme nous le supposons, rien ne s'y oppose, nous nous proposons, dans un avenir prochain, de rédiger un ouvrage dans lequel nous rassemblerons tout ce qui peut intéresser ce corps dans les deux positions distinctes que lui a créées la loi, comme garde nationale et comme corps spécial.

Cet ouvrage, que nous intitulerons: *Manuel des Sapeurs-Pompiers-Gardes-Nationaux*, contiendra, outre la législation et la jurisprudence judiciaire et administrative, les exercices, manœuvres, théories, cours spécial et divers modèles de règlement, etc.

*Mai*, 1860.

# LES SAPEURS-POMPIERS,

### ROMANCE DRAMATIQUE.

*Air du Mineur.*

Généreux citoyen, tu exposes ta vie,
Tu exposes tes jours à combattre un fléau.
Jamais ton noble cœur ne connut de l'envie
Le chemin trop battu, les écarts immoraux.
La simple charité te semble donc bien douce?
— Oui, j'aime mon prochain et les méchants bien peu,
Alléger ses douleurs en tarissant la source,
Voilà comment, Sapeurs, nous devons prier Dieu.

L'incendié bénira, sans jamais le connaître,
Celui qui brava tout, l'arracha à la mort.
Si tu vois l'amitié qu'en son cœur a pu naître,
Oui nie, oui, nie le fait; puis il te faut encor,
Semblable à Béranger, repousser les hommages :
Richesses et rubans, ne les aimer que peu.
Mépriser du flatteur les scandaleux breuvages,
Voilà comment, Sapeurs, nous devons prier Dieu.

Entendez-vous ces cris, ces cris mêlés de larmes,
Au secours ! au secours ! l'élément destructeur
Envahit nos maisons ; allons, Sapeurs, aux armes,
Arrachez du foyer l'enfant chéri du cœur.
Par la fuite ne soyez jamais méprisables :
Lâches, oh ! non, nous, fuir, abandonner un feu !
S'il le faut, périssons pour sauver nos semblables,
Voilà comment, Sapeurs, nous devons prier Dieu.

Lafère, le 15 mai 1858.

*ERRATUM :*

Page 4, ligne 21, *au lieu de :* usage de ses armes, *lisez :* usage des armes.

## ÉTAT DE SITUATION

Faisant connaître la force de la garnison aux époques des 26 juin et 5 novembre 1815.

| DÉSIGNATION DE L'ARMÉE ET DU CORPS. | IL EXISTAIT LE 26 JUIN. | | | | PERTES EN SOUS-OFFICIERS ET SOLDATS. | | | | | IL EXISTAIT AU 5 NOVEMBRE. | | | | CHEVAUX. | | | | | | | OBSERVATIONS. |
|---|---|---|---|---|---|---|---|---|---|---|---|---|---|---|---|---|---|---|---|---|---|
| | OFFICIERS SUPÉRIEURS. | CAPITAINES ET LIEUTENANTS. | TOTAL DES OFFICIERS. | SOUS-OFFICIERS ET SOLDATS. | RÉFORMÉS. | PASSÉS A LA GARNISON DE LAON. | DÉSERTES. | MORTS. | TOTAL DES PERTES. | OFFICIERS SUPÉRIEURS. | CAPITAINES ET LIEUTENANTS. | SOUS-OFFICIERS ET SOLDATS. | TOTAL, OFFICIERS COMPRIS. | IL EXISTAIT LE 26 JUIN. | PASSÉS A LAON. | ABATTUS POUR MALADIES. | HORS DE SERVICE ET VENDUS. | LIVRÉS A LA BOUCHERIE. | TOTAL DE LA PERTE. | EXISTANTS AU 5 NOVEMBRE. | |
| État-major de la place. . . . | 1 | 2 | 3 | » | » | » | » | » | » | 1 | 2 | » | 3 | » | » | » | » | » | » | » | |
| Personnel de l'artillerie. . . | 1 | 5 | 6 | 13 | » | » | » | » | » | 1 | 5 | 13 | 19 | » | » | » | » | » | » | » | |
| — du génie. . . . | » | 3 | 3 | 9 | » | » | » | 1 | 1 | » | 3 | 8 | 11 | » | » | » | » | » | » | » | La plupart des hommes n'étaient point habillés. |
| 2e compagnie d'artil. de l'Aisne. . . . . . . | » | 2 | 2 | 69 | 3 | » | 24 | » | 27 | » | 2 | 42 | 44 | » | » | » | » | » | » | » | Il n'y avait guère que des recrues de la dernière levée qui connaissaient à peine le service. |
| 10e bataillon du Nord. . . | 1 | 11 | 12 | 113 | » | » | 46 | 1 | 47 | 1 | 11 | 82 | 93 | » | » | » | » | » | » | » | |
| 1er bataillon de l'Aisne. . . | 1 | 10 | 11 | 166 | » | » | 84 | » | 84 | 1 | 10 | 68 | 80 | » | » | » | » | » | » | » | |
| Bataillon de la Garde nationale sédentaire de La Fère. | » | 17 | 17 | 351 | » | » | » | » | » | » | 17 | 351 | 368 | » | » | » | » | » | » | » | |
| 2e rég. d'artillerie, 6e comp. | 1 | 4 | 5 | 71 | » | » | 5 | 1 | 6 | 1 | 4 | 65 | 70 | » | » | » | » | » | » | » | |
| Bataillon de pontonniers. . . | 1 | 12 | 13 | 217 | » | » | 14 | » | 14 | 1 | 12 | 203 | 216 | » | » | » | » | » | » | » | |
| 13e comp. d'ouvr. d'artillerie. | » | 4 | 4 | 154 | » | 10 | 46 | » | 56 | » | 4 | 98 | 102 | » | » | » | » | » | » | » | |
| 3e rég. d'inf. de ligne, 6e batail. | 1 | 16 | 17 | 343 | » | » | 113 | 1 | 114 | 1 | 16 | 229 | 246 | » | » | » | » | 5 | 6 | 9 | |
| Canonniers isolés. . . . . . | » | 2 | 2 | 64 | » | » | 4 | » | 4 | » | 2 | 57 | 59 | 15 | » | 1 | » | » | » | » | |
| Train d'artillerie isolé. . . . | » | 1 | 1 | 60 | » | 5 | 3 | » | 8 | » | 1 | 52 | 53 | 96 | 13 | 5 | 5 | 30 | 53 | 43 | |
| Cavalerie isolée. . . . . . . | » | 1 | 1 | 23 | » | » | 2 | » | 2 | » | 1 | 21 | 22 | 15 | » | 1 | » | 7 | 8 | 7 | |
| TOTAUX. | 7 | 90 | 97 | 1652 | 3 | 15 | 342 | 3 | 363 | 7 | 90 | 1289 | 1386 | 126 | 13 | 7 | 5 | 42 | 67 | 59 | |

www.ingramcontent.com/pod-product-compliance
Lightning Source LLC
LaVergne TN
LVHW020048090426
835510LV00040B/1547